Robótica

Lo que los principiantes deben saber sobre la automatización de procesos robóticos, robots móviles, inteligencia artificial, aprendizaje automático, drones y nuestro futuro

Índice

Introducción

Los siguientes capítulos analizarán todo lo que usted necesita saber sobre robótica. A medida que usted observa el mundo que nos rodea, usted notará que cada vez más se aplica la robótica a nuestras vidas.

Debido a la importancia de la robótica en nuestras vidas, es importante que usted comprenda cómo funciona y algunos de los mitos que a menudo se cuentan sobre la robótica.

Hay muchos temas en este libro, y usted leerá acerca de algunos de los expertos y lo que tienen que decir sobre la robótica. Es importante entender todo sobre robótica antes de decidir descartarlo como un engaño o algo peor.

Capítulo 1: Aspectos básicos sobre Robótica

La robótica se considera una rama exhaustiva de la ciencia y la ingeniería. La robótica abarca diferentes campos de la ingeniería, como la electrónica, la información, la mecánica, la informática ¡y mucho más! Por lo general, está relacionada con el uso de robots, cómo se inventan, cómo funcionan y el sistema informático que se utiliza para controlar el robot. También incluye la retroalimentación de los sensores, así como el procesamiento de la información que el robot tiene que usar.

Las tecnologías robóticas se utilizan para crear máquinas que ocuparán el lugar de los humanos al replicar las acciones humanas. Los robots se pueden usar en muchas situaciones para cualquier número de propósitos. Sin embargo, cuando vemos la sociedad actual, se pueden usar en entornos peligrosos en los que los humanos no deberían estar, como la detección de bombas e incluso la desactivación de bombas. Los robots también se pueden usar en procesos de fabricación en los que los humanos no podrán sobrevivir debido al espacio, la calidad del aire o cualquier otra cantidad de situaciones peligrosas en las que los humanos se encuentren en peligro y probablemente no puedan sobrevivir. Los robots pueden adoptar casi cualquier forma, e incluso pueden hacerse de manera que se parezcan a un humano. Esto ayuda a las personas a aceptar a los robots a medida que replican comportamientos que normalmente realizan las personas. Algunos robots pueden replicar izar, hablar, caminar, percibir y casi cualquier cosa que un humano pueda hacer. Muchos de los robots que se ven hoy, se inspirarán en el entorno en el que van a trabajar. Estos robots contribuirán con la naturaleza porque están contribuyendo al campo de la bioinspiración.

El concepto de crear robots se remonta a la época clásica. Sin embargo, la investigación y el potencial para crear el robot perfecto no se pusieron en práctica hasta principios del siglo XX. A lo largo de la historia, la gente ha asumido que los robots imitarán los comportamientos humanos y manejarán tareas similares a las de los humanos todos los días. Ahora, la robótica es un campo en rápido crecimiento gracias a los avances tecnológicos.

Etimología

La palabra robótica proviene de "robot". Esta palabra llamó la atención del público por la obra de un escritor checo llamado Karel Capek, publicada por primera vez en 1920. Los orígenes de la palabra robot se remontan a la palabra eslava roboa, que se traduce en trabajo. La obra de Capek, comienza en una fábrica que fabrica robots, y estas criaturas fueron confundidas con humanos (la idea de los androides). Sin embargo, no fue Capek quien formó el término robot, sino que escribió una carta en referencia al desarrollo de la palabra que se encontró en el Diccionario de Inglés de Oxford, que indica que la palabra "robot" fue creada por Josef, el hermano de Capek.

Sin embargo, cuando usted mira el Oxford English Dictionary, le dice que la palabra 'robótica' fue utilizada primero por Isaac Asimov en una historia de ciencia ficción que escribió y que se publicó en 1941. Asimov no sabía que estaba creando una nueva palabra para la tecnología y la ciencia que se ve en los dispositivos eléctricos. Por lo tanto, asumió que la palabra "robótica" solo se referiría al trabajo que se realiza con los robots. En sus otros trabajos, Asimov dice que fue en una historia corta de 1942 donde utilizó por primera vez la palabra "robótica", donde propuso por primera vez el concepto de Las tres leyes de la robótica. Pero, dado que Liar es anterior a Runaround al menos diez meses, Liar es donde surgió la palabra por primera vez.

Historia

En 1948, Norbert Wiener creó por primera vez los principios de la cibernética, que son la base de la robótica práctica.

El primer robot totalmente autónomo apareció durante el siglo XX. El primer robot digital que fue programable se llamó Unimate, y se puso en uso en 1961, para que pudiera quitar las piezas del automóvil de la máquina de fundición a presión y que pudieran apilarse. Los robots en trabajos comerciales y de fábrica se usan en todo el mundo hoy en día; pueden realizar trabajos más baratos y son más precisos y más fiables que un ser humano. También se emplean en trabajos que no son adecuados para los humanos porque son demasiado aburridos, peligrosos o sucios. Los robots se usan típicamente en la producción en masa, fabricación, minería, transporte, empaque y embalaje, cirugía, exploración de la tierra y el espacio, seguridad, armamento e investigación de laboratorio.

Período	Nombre del Inventor	Nombre del robot	Significado
Tercer Siglo a. C.	Yan Shi		Si usted observa el texto de Liezi, verá las primeras descripciones de autómatas. El texto habla de una reunión previa

			entre Yan Shi, un ingeniero mecánico, y el Rey Mu de Zhou (1023-957 a. C.). Una figura, con forma y tamaño de humano, fue presentada más tarde al rey.
Antes y primer siglo d. C.	Garza de Alejandría, Filón de Bizancio, Ctesibio y otros.		Esto describe más de cien autómatas y máquinas que incluyen órganos de viento, camiones de bomberos, motores de vapor y máquinas que funcionan con monedas. Se pueden ver en el libro escrito por Herón de Alexandria titulado Pneumatica and Autómata.
C. 420 a. C.	Arquitas de Tarento	La Paloma Voladora	Pájaro de madera impulsado por vapor que hizo

			posible que volara.
1206	Al-Jazari	Autómata de lavado de manos, pavos reales en movimiento automatizados, una banda de robot	Primer autómata humanoide programable.
1495	Leonardo da Vinci	Caballero Mecánico	Diseño de un robot humanoide.
1738	Jacques de Vaucanson	Pato con aparato digestivo	Un pato mecánico que puede excretar, batir sus alas y comer.
1898	Nikola Tesla	Teleautomaton	Primer Mecanismo de Movimiento de Buques o Vehículos controlado por radio.
1921	Karel Capek	Rossum's Universal Robots	La obra de teatro R.U.R. mostró el primer autómata ficticio.
1930	Westinghouse	Elektro	En los años 1939 y

	Electric Corporation		1940 la Feria Mundial mostró por primera vez al robot humanoide.
1946		Whirlwind	La creación de la primera computadora digital de propósito general.
1948	William Grey Walter	Elsie and Elmer	Se pueden observar comportamientos biológicos en robots.
1956	George Devol	Unimate	La compañía, Unimation, creó por primera vez el robot comercial basado en las patentes de su creador.
1961	George Devol	Unimate	La instalación del primer robot de fábrica.
1967 - 1972	Waseda University	WABOT-1	La creación del primer androide y el primer robot inteligente

			humanoide a gran escala. Estos robots pueden ver y escuchar usando sensores tácticos y pueden controlar sus extremidades. También pueden comunicarse a través de una boca artificial y el sistema de conversación instalado.
1973	KUKA Robot Group	Famulus	El primer robot de fábrica utilizó seis ejes que fueron accionados mecánicamente.
1974	ABB Robot Group	IRB 6	El primer robot guiado por una microcomputadora.
1975	Víctor Scheinman	PUMA	Unimation creó un brazo de manipulación universal programable.
1978	Patricia	Freddy I y II,	Los robots pueden

	Ambler y Robin Popplestone	RAPT lenguaje de programación robot	manejar variaciones debido a los sensores y los lenguajes de programación del primer robot de nivel de objeto.

¿Qué dicen los expertos sobre nuestro futuro?

La robotista Daniela Rus espera tener un mundo donde cada persona pueda tener un robot a pesar de tener una posición económica baja. Rus es el director del Laboratorio de Ciencias de la Computación e Inteligencia Artificial del Instituto de Tecnología de Massachusetts (MIT), y ha informado que a pesar de que la robótica ha hecho grandes avances, este sueño aún no es posible.

"Pero recuerden que solo hace dos décadas, la computación era una tarea reservada para pocos expertos, porque las computadoras eran grandes, caras y difíciles de usar", dijo Rus. Ahora, todos usan una computadora, y eso solo demuestra que la tecnología puede avanzar lo suficiente como para llevar inteligencia artificial al mundo.

La robótica todavía está en su infancia, pero está avanzando todos los días.

Hoy, Amazon tiene más de 80.000 robots que trabajan en sus centros de distribución. Incluso, con tantos robots trabajando para Amazon, el tecnólogo jefe de Amazon no tiene ningún deseo de reemplazar a los humanos con robots.

"Los humanos son realmente buenos en la resolución creativa de problemas, abstracción y generalizaciones. Los robots son realmente buenos para descifrar números, extraer datos, levantar objetos pesados y moverse con precisión. Tenemos que pensar en cómo podemos construir sistemas que unan las fortalezas de cada uno de estos componentes". - Tye Brady.

Heather Ames de Neurala reveló que estaban trabajando con Motorola Solutions, usando inteligencia artificial para encontrar niños desaparecidos. Las cámaras corporales que se encuentran en los uniformes de los oficiales recibirán la descripción del niño desaparecido para que más personas lo busquen mientras está perdido. Este mismo sistema se aplicará para encontrar paquetes sospechosos.

Buddy Michini de Airware ha declarado que los drones podrán ayudar a los socorristas a evaluar un evento catastrófico. "Pueden tomar un avión no tripulado para obtener una visión general de lo que está sucediendo y ayudar al edificio más estrellado". Michini también declaró que Airware envió sus aviones no tripulados a Italia para ayudar con el terremoto más reciente.

Los robots incluso se colocan en un cuerpo humano para aumentar las habilidades que el humano debe usar. Esto se está haciendo para que puedan restaurar la capacidad de cualquier persona que tenga una discapacidad física. El primer uso de estos robots ha sido en soldados para que no se cansen mientras cargan más de 100 libras. La máquina no va a controlar al usuario, sino que seguirá sus movimientos. Entonces, si están pisando terreno irregular, combinará la fuerza del robot y el humano para que trabajen juntos.

¿Cómo se usa la robótica hoy?

Hoy se pueden ver robots en el campo de la medicina. Son tan precisos que se han convertido en una gran herramienta para la cirugía. Los robots pueden hacer incisiones mucho más limpias que las que puede hacer un ser humano y una vez que se cura el corte, no se puede ver desde la distancia. Los médicos ya no tendrán que temer a hacer una incisión incorrecta o cortar demasiado al paciente. Los robots se pueden programar para cortar en un lugar específico y a una profundidad determinada. También han sido útiles para avanzar en los descubrimientos médicos y encontrar nueva información que luego pueda ayudar a salvar la vida de alguien.

Los robots también se pueden encontrar en fábricas. Se utilizan para soldar automóviles y piezas juntas. Debido a su precisión, es fácil hacer que su trabajo parezca como si un profesional hiciera la soldadura. Lo mejor de los robots es que tampoco les molestan las luces brillantes o el calor de las antorchas de soldadura. Por lo tanto, pueden hacer más trabajo que un humano. El único inconveniente es que van a requerir actualizaciones del programa para mantenerlos en funcionamiento y actualizados sobre la tecnología más nueva.

Los robots también se han hecho para el entretenimiento en el hogar y el ocio. Hay una variedad de kits de robots domésticos que las personas pueden comprar. Algunos de estos kits van a hacer un robot que siga una línea o trace una línea. Otros kits van a hacer un robot que pueda determinar si está en el suelo o en la mesa y lo lejos que puede llegar antes de que golpee algo. Estos tipos de robots tendrán sensores de luz y sensores de interruptor. Incluso, hay algunos robots que se usarán para limpiar, como aspirar el piso o servir a otras personas. Los robots para mascotas imitarán a las mascotas mientras brindan entretenimiento a la persona que lo posee. Estos robots pueden rodar, sentarse y jugar con usted.

Ventajas de la Robótica

Los robots pueden ser muy útiles en nuestras vidas a pesar de lo que la gente crea. Aquí hay algunas formas en que los robots son útiles en nuestras vidas hoy:

1. Los robots pueden realizar tareas más rápido que los humanos, y son consistentes y precisos.

2. Las mascotas robóticas pueden ayudar a los pacientes que sufren de depresión y pueden ayudarlos a mantenerse activos.

3. La mayoría de los robots son automáticos; por lo tanto, pueden moverse sin interferencia de un humano. Esto

significa que pueden entretener y realizar tareas específicas que no son seguras para un ser humano.

4. Los robots pueden usarse para producir productos y ensamblar automóviles. Los robots también se pueden usar cuando se trata de construir piezas para planos, automóviles y equipos de construcción.

5. Se están creando nuevos trabajos para que las personas creen y reparen robots.

6. Como son máquinas, los robots pueden trabajar sin dormir.

7. Los robots pueden lidiar con entornos hostiles. Los robots se crean para que las atmósferas planetarias no afecten su rendimiento ni afecten su estado físico. Pueden reemplazar a los humanos en muchas áreas de trabajo e incluso pueden programarse para manejarse mejor.

8. Los robots se pueden programar para navegar y alcanzar el centro de la Tierra. Pueden cavar en busca de combustible y pueden usarse en minería. Los robots también se pueden programar para explorar el fondo del océano y otras partes donde los humanos no pueden ir. Cualquier limitación que tengan los humanos, los robots pueden superarla.

9. Los robots se pueden usar cuando se trata de tareas repetitivas y que requieren mucho tiempo. Los robots no se aburrirán; por lo tanto, no van a perder calidad cuando se trata de su trabajo. También pueden realizar tareas peligrosas que los humanos no deberían hacer. Sus parámetros de tiempo y velocidad se pueden ajustar para que reaccionen más rápido. Los robots pueden no verse influenciados por las cosas que afectarán negativamente a los humanos.

10. Los robots pueden funcionar sin parar. Pueden trabajar sin mantenimiento durante un período prolongado de tiempo, así como también pueden trabajar mucho tiempo sin

mantenimiento, lo que significa que tienen una tasa de producción más alta que la mayoría de los humanos.

11. Las manos del robot no temblarán como lo hacen las manos humanas. Los robots trabajan con piezas móviles más pequeñas y versátiles que los humanos. Esto es lo que los hace perfectos para operaciones médicas.

12. Los robots se construyen para que puedan trabajar en los entornos más hostiles, como el espacio, bajo el agua o un incendio. Se pueden usar siempre que se cuestione la seguridad humana. Los robots también se pueden crear para que tengan el tamaño que requiera la tarea.

13. Los robots están ahí para hacer trabajos que la gente no quiere completar. Muchas sondas robóticas se han enviado al espacio y nunca se han devuelto. Están construidos para ser más fuertes que las personas. Incluso se han utilizado robots en la guerra para eliminar la necesidad de poner en riesgo a las personas

Desventajas de la Robótica

Por supuesto, los robots también tendrán sus desventajas:

1. Los robots deben tener "poder" para operar. Las personas pueden perder sus trabajos en la fábrica, pero incluso si son reemplazados por robots, los robots necesitarán mantenimiento para continuar en funcionamiento. Va a costar una cantidad sustancial de dinero crear y comprar robots. Además, los programas y el hardware que necesitará el robot, costarán más dinero más adelante.

2. Los robots pueden ocupar el lugar de un humano en una fábrica. Esto significa que las personas necesitarán localizar un nuevo trabajo o tendrán que volver a capacitarse para hacer un trabajo diferente. En el caso de que los robots reemplacen a los humanos en una variedad de campos, esto puede conducir a una alta tasa de desempleo porque no todos

pueden ser entrenados para realizar el mantenimiento de los robots.

3. Como se indicó, los robots requieren mantenimiento y reparación, lo que costará dinero. Además, sus programas tendrán que actualizarse regularmente porque los requisitos para el trabajo pueden cambiar. Las máquinas deberán estar hechas para ser más inteligentes. En caso de que se produzca una avería, el costo de la reparación será alto. Esto significa que los procedimientos tienen que ser restaurados, el código perdido de datos recuperado, y esto no solo puede ser costoso, sino que también requiere mucho tiempo.

4. Los robots almacenan muchos datos: sin embargo, obtener acceso a los datos será más difícil que si lo extrajera de un cerebro humano. Los robots están diseñados para completar tareas repetitivas, pero no mejorarán cuanto más tiempo lo hagan, como una voluntad humana.

5. Los robots no van a actuar de una manera que no esté integrada en su programación: Con la forma en que se usan los robots hoy en día, las personas podrán volverse fácilmente dependientes de las máquinas, lo que terminará causando que pierdan el control de sus capacidades mentales. Si las manos equivocadas tomaran el control de un robot, ese robot podría usarse para la destrucción.

6. Un robot no es inteligente ni sensible: no pueden mejorar sus trabajos a menos que estén programados para hacerlo. No pueden pensar ni tener emociones. Esto limita severamente cómo los robots pueden ayudar o comunicarse con los humanos.

Aplicaciones del mundo Real

Los robots ya no son ciencia ficción; son muy reales y existen en el mundo en que vivimos. No, no están tratando de conquistar el mundo como algunas de las películas que vemos, pero están trabajando codo a codo con nosotros y nos ayudan a mejorar nuestras vidas y a hacer que podamos mejorar las vidas de los demás. A continuación, usted verá algunas aplicaciones de robots del mundo real y cómo están ayudando a hacer de nuestro mundo un lugar mejor:

1. *Piernas Biónicas*: La bio-mecatrónica es un trabajo revolucionario realizado por Hugh Herr, que es el jefe del grupo de investigación de biomecatrónica en el MIT. Herr es un doble amputado que utilizó la fisiología humana con electromecánica para crear una extremidad biónica para alguien con discapacidad física. Sus logros biónicos han incluido prótesis de rodilla adaptativas a la marcha para amputados transfemorales y una variedad de exoesqueletos de pie y tobillo de impedancia para la patología de la marcha, que también se conoce como pie caído que puede ser causado por parálisis cerebral, derrames cerebrales o esclerosis múltiple. Incluso ha hecho sus propias piernas biónicas, que es el primer sistema de pies y pantorrillas.

2. *Robots de Hospitales*: El enfoque de Atheon está en la industria de la salud. Mediante el uso de robots móviles autónomos, han ayudado con el transporte de materiales pesados como ropa, suministros clínicos y productos de limpieza. Además de eso, las máquinas TUG pueden eliminar de forma segura los residuos peligrosos. Dado que las regulaciones requieren que los centros médicos tengan que rastrear todas las drogas, particularmente los narcóticos, los robots Aethon pueden administrar medicamentos como parte de un escenario IOT (Internet de las Cosas). Además, tiene chips RFID y códigos de barras en todos los medicamentos que le permitirán rastrear los medicamentos en tiempo real.

3. *Robot valets*: Los vendedores de garajes inteligentes como Boomerang pueden proporcionar un enfoque único a los garajes robóticos. Los robots están programados para recibir su automóvil y estacionarlo y maximizar el espacio que hay

dentro del garaje. Boomerang funciona de manera similar a un elevador con un servicio llamado Robotic Valet. Estos garajes se encuentran principalmente en lugares donde los bienes raíces son caros, como San Francisco, Miami y Chicago.

4. *Robots de Estacionamiento*: Serva-TS funciona como una carretilla elevadora de almacén que va a barajar vehículos a través de un estacionamiento como se baraja un mazo de cartas. Este sistema funciona en el aeropuerto de Dusseldorf y puede adaptar garajes antiguos al obtener el 40 por ciento del espacio útil en el proceso.

5. *Robots de fábrica*: Rethink Robotics de Boston introdujo robots que pueden trabajar junto con humanos para realizar actividades de almacén como recoger y empacar.

6. *Robots colaborativos:* Universal Robots de Dinamarca ha lanzado una línea completa de robots colaborativos al mercado mundial. Estos robots son programables y se inventan para manejar tareas repetitivas que ayudan a liberar a las personas para realizar actividades más avanzadas.

7. *Pintor de fábrica robótico:* ABB Robotics ha creado una línea de pintores robóticos. Hay una muñeca hueca en IRB 580 que es compacta y es un robot de pintura rápido y preciso. Este robot ayuda a aumentar la productividad y eficiencia de las empresas de pintura.

8. *Colaboración*: Los sistemas KUKA han lanzado una robótica colaborativa destinada a satisfacer las necesidades del creciente mercado. Este robot presenta capacidades sensoriales para seguridad, control simple del operador y enseñanza más rápida. Existen algunas aplicaciones para estos robots que incluyen inspección, prueba, medición, paletizado, mecanizado y sujeción.

9. *Robots humanoides*: El profesor Hiroshi Ishiguro, director del Laboratorio de Robótica Inteligente del Departamento de Innovación de Sistemas, en la Escuela de Graduados de Ciencias de la Ingeniería de la Universidad de Osaka en Japón, ha creado un androide que se llama Geminoid. Geminoid se ve exactamente como el profesor Ishiguro.

10. *Humanoides que ayudan a los humanos*: A pesar de que estos robots se ven humanoides y se consideran lindos, no todos fueron inventados para realizar tareas domésticas o entretener. Honda y Toyota crearon un dispositivo de asistencia para caminar para personas con discapacidad física o personas mayores. El sistema HAL (extremidad de asistencia híbrida) de Cyberdyne es el único dispositivo robótico que puede ayudar a enseñar al cerebro cómo mover la extremidad que está reemplazando. Además de eso, las aplicaciones médicas tienen sistemas HAL de cuerpo completo que están en proceso de investigación y desarrollo para mejorar o proteger el cuerpo humano en situaciones como la recuperación ante desastres, entornos hostiles o circunstancias en las que los humanos necesitan una fuerza y resistencia superiores.

Capítulo 2: Cinco razones por las que los expertos nos advierten sobre los robots

Algunos expertos aprueban el uso de robots y otros no. Otros están en algún punto intermedio:

> 1. *Elon Musk*: Es un multimillonario y un empresario tecnológico que ha emitido advertencias al público cuando se trata de los peligros de la inteligencia artificial que se utiliza para los robots militares. Hay una rápida adopción de la tecnología de robots que está ocurriendo en nuestra sociedad y las consecuencias que tendrá en nuestra sociedad en caso de que estos robots no sean seguros. Pero, ¿cuál es el problema si nuestra tecnología robótica no es segura?

Bueno, los robots son prácticamente computadoras que pueden moverse. Por lo tanto, si son pirateados, la amenaza será mayor que si se piratea una computadora estacionaria. Cada vez que se piratea una computadora fija, el pirata informático solo puede robar información y usar el sistema para piratear otros sistemas. Sin embargo, cada vez que se piratea un robot, se puede usar para dañar a otras personas e incluso matarlas porque puede moverse. Al mismo tiempo, algunos robots tienen cámaras y micrófonos y pueden usarse como una herramienta de espionaje. Algunas personas todavía creen que esto solo puede suceder en las películas o los libros, pero los riesgos y las amenazas son reales, y ya ha habido evidencia de que los robots han dañado a las personas o destruido propiedades.

Tomemos, por ejemplo, el Departamento de Trabajo de EE. UU. que tiene una lista de incidentes relacionados con robots que han provocado una docena de muertes. En los {últimos 14 años, la cirugía robótica se ha relacionado con 144 muertes en los EE. UU. En 2016, un robot chino rompió una ventana de vidrio y lastimó a alguien que estaba de pie cerca.

Cuanta más inteligencia, potencia y funcionalidad tenga un robot, mayor será la amenaza. Se publicó un video de Boston Dynamics que mostraba a un robot haciendo acrobacias físicas para mostrar la tecnología avanzada de la compañía. Ahora, imagine que esta tecnología es pirateada. ¿Qué pasaría si un robot de esta fuerza e inteligencia fuera pirateado y recibiera comandos maliciosos?

Dicho esto, es fácil pasar por alto la seguridad de un robot amigable y que un robot que sea útil y de confianza se convierta en malicioso y dañe bienes o personas.

> 2. *Stephen Hawking*: Más de 1.000 expertos en tecnología, investigadores y científicos han redactado un documento que establece una advertencia sobre los peligros de las armas autónomas. Esta carta fue firmada por el cofundador de Apple, Steve Wozniak, Stephen Hawking y Elon Musk.

La carta fue presentada en una conferencia internacional de IA en 2015, la cual se originó porque los robots fuera de control son el tema de debate más reciente. Varios comités de las Naciones Unidas han discutido acaloradamente la prohibición de armas específicas que son autónomas.

Los expertos científicos han estado tratando de prohibir el uso de inteligencia artificial en armas que pueden salirse del control humano. Incluso agregaron que, así como los químicos y los biólogos no van a tener interés en la construcción de armas de origen biológico o químico, los investigadores de IA no deberían estar interesados en construir armas de IA y no quieren que otros investigadores se involucren.

También han respaldado la carta Daniel Dennett, experto en conciencia, DemisHassabis, jefe de Google AI, y Noam Chomsky, profesor del MIT.

El profesor Stephen Hawking declaró: "los humanos, que están limitados por la lenta evolución biológica, no podrían competir con inteligencia artificial, y serían reemplazados".

3. *Dr. Ian Pearson*: Es un autoproclamado futurólogo e inventor que afirmó que la IA eventualmente será más inteligente que los humanos mil millones de veces y que fusionarnos con ella es nuestra mejor opción.

Pearson dijo: "Habremos entrenado la inteligencia artificial para ser como nosotros, entrenados para sentir emociones como nosotros, pero no será como nosotros". Será un poco como los extraterrestres de Star Trek: más inteligentes y más calculados en sus acciones. Será insensible a los humanos, viéndonos como bárbaros. Entonces, cuando decida llevar a cabo sus propios experimentos, con los virus que creó, nos tratará como conejillos de Indias".

¡Al final, es lo que preocupaba a Elon Musk! Esto también se relaciona con lo que mencionamos sobre la IA hackeada y utilizada para volverse contra su usuario. Al final, suena como algo de película de ciencia ficción, ¡pero es algo que podría suceder! Es algo en lo que Elon Musk gasta millones de dólares, lo hace para asegurarse de que controla todas las tecnologías robóticas para asegurarse de que no suceda.

4. *Europa*: A principios de este año, Europa estaba considerando proporcionar robots más avanzados en derechos y responsabilidades naturales. Esta propuesta fue

presentada al máximo regulador de Europa, la Comisión Europea.

Hay más de 150 profesionales en ciencias médicas, ética, derecho, robótica e inteligencia artificial que intervinieron en el debate.

En una carta que fue enviada a la Comisión Europea, estos expertos declararon que parecía que la propuesta no estaba influenciada por el mundo real, sino más bien por la ciencia ficción.

Aquellos en contra de la propuesta argumentaron que, si se proporcionaba un estatus legal a los robots avanzados, se llegaría al punto donde los robots podrían ser responsables por cualquier daño que causen.

Un portavoz de la comisión declaró: "La inteligencia artificial puede aportar grandes beneficios a nuestra sociedad y economía. pero también plantea preguntas, como las relacionadas con el impacto de la IA en nuestra sociedad y el futuro del trabajo".

Los expertos que examinaron la propuesta declararon que esta podría permitir a los fabricantes, propietarios y técnicos afirmar que no eran responsables de sus robots cuando hicieran algo mal.

Los expertos argumentaron además que otorgar el estatus legal a un robot, sería inapropiado y que esta idea ocurrió gracias a la ciencia ficción y los anuncios sensacionalistas de prensa que se hicieron a principios de este año.

Una experta en ética de la robótica, Nathalie Nevejans, que trabajó en la Universidad Artois de Francia, fue una de las expertas en firmar la carta. Ella dice que otorgar estatus legal a los robots no solo es inútil sino también inapropiado. No hay posibilidad de que un robot pueda ser parte de la sociedad sin un operador humano, y eso no va a cambiar a corto plazo.

Se ha informado que Nevejans dijo: "la personalidad jurídica desdibujaría la relación entre el hombre y la máquina y el legislador podría avanzar progresivamente hacia la atribución de derechos al robot. Esto sería completamente contraproducente pues los robots se desarrollan para servirnos".

Europa debería crear reglas para la inteligencia artificial y la robótica, de acuerdo con varios profesionales, con el fin de fomentar la innovación y garantizar la seguridad de los ciudadanos. Sin embargo, una visión de un futuro donde los señores robóticos dominen no debería ser la base.

Esta propuesta fue parte del intento de preparación de Europa para lo que está por venir. El objeto de esta resolución era establecer que los robots deberían informar a las autoridades, mientras que el objeto de las leyes es establecer que los robots deben ayudar a los humanos y mejorar a la humanidad sin causar daños.

Sin embargo, el parlamento terminó rechazando la propuesta diciendo que, si los robots comenzaran a reemplazar a los trabajadores humanos, entonces sus propietarios tendrían que pagar impuestos o contribuir con los costes sociales.

5. *Primer ministro de Australia y Canadá*: Ha habido cientos de expertos que han pedido a los gobiernos que prohíban el armamento de robots que tienen la capacidad de decidir si una persona debe vivir o morir.

Las principales figuras de IA también enviaron cartas a sus primeros ministros, dirigidas a la Conferencia sobre la Convención sobre ciertas armas convencionales, que tuvo lugar en noviembre de 2017.

Estas cartas también fueron respaldadas por Stephen Hawking, quien, en la conferencia de tecnología de Portugal, envió una advertencia de que la IA podría destruir el mundo.

Algunas de las firmas en estas cartas abiertas incluían al profesor Ian Kerr de la Universidad de Ottawa, así como al profesor Tim Baldwin de la Universidad de Melbourne.

El primer ministro Justin Trudeau de Canadá declaró: "Los sistemas letales de armas autónomas que eliminan el control humano significativo de la determinación de la legitimidad de los objetivos y el despliegue de la fuerza letal se encuentran en el lado equivocado de una línea moral clara".

Cada una de las cartas enviadas a Canadá y al Reino Unido destacaban que los avances espectaculares que han surgido del aprendizaje automático y la inteligencia artificial han llevado a que las máquinas puedan realizar operaciones difíciles de forma independiente sin intervención humana.

Estos avances han ayudado a llevar a cabo muchas mejoras en la educación, el transporte, la atención médica y las infraestructuras. Sin embargo, las transformaciones positivas también tendrán resultados peligrosos, que terminarán exigiendo una mayor atención moral.

Los sistemas de armas autónomas, según lo advertido por las corporaciones robóticas, serán el representante de al menos 1/3 de la revolución de la guerra. Por lo tanto, para evitar que esto suceda, para prohibir estos sistemas, cada carta enviada al Reino Unido y Canadá solicita un nuevo acuerdo internacional.

Cada una de las cartas concluía: "Si se desarrollan, permitirán que el conflicto armado se pelee a una escala mayor que nunca, y en escalas de tiempo más rápidas de lo que los humanos pueden comprender. La consecuencia mortal de esto es que las máquinas, no las personas, determinarán quién vive y quién muere".

Una prohibición internacional de las minas terrestres, el Tratado de Ottawa en 1996, y esta prohibición fueron comparadas entre sí por el Ministro de Asuntos Exteriores de Canadá.

Prohibir completamente las armas autónomas puede ser imposible. Sin embargo, si todos los países cooperan, la prohibición será efectiva.

"Cuando se trata de una prohibición, creo que es imposible tener una prohibición internacional. Será algo específico del país", dijo Abishur Prakash a Newsweek. "Países como Rusia, China e Irán pueden ver una prohibición internacional como un intento de

Occidente para afianzar el control. Si estos países no los prohibieran, entonces países como Estados Unidos y Canadá verían la prohibición de los robots asesinos como una amenaza para su propia seguridad nacional".

Capítulo 3: Diez Mitos acerca de los Robots

Todavía las personas no entienden bien a los robots, lo que significa que habrá mitos sobre ellos porque la gente inventa información para comprender un poco más a los robots. En este capítulo, examinaremos algunos de estos mitos y los desbancaremos para que usted no tenga que seguir preguntándose acerca de los robots y, por lo tanto, estará un paso más cerca de comprenderlos.

> 1. *Los robots les quitarán los trabajos a las personas*: Todas las empresas importantes de logística y fabricación creen que los robots mejorarán la eficiencia de sus operaciones y la calidad de vida de quienes trabajan allí. Por lo tanto, los humanos seguirán siendo una parte clave del negocio siempre que se trate de robótica.

Los trabajadores de las empresas de manufactura y logística deberían considerar a los robots como artesanos que utilizan herramientas de precisión para mejorar su rendimiento a medida que crean una mayor satisfacción cuando se trata del trabajo que se está realizando. Tesla Motors es un ejemplo de una compañía que usa robots para realizar tareas que serán una amenaza para los humanos que trabajan allí. Los trabajadores supervisan las operaciones del robot y se aseguran de que la calidad del trabajo que realizan esté a la par y sea lo que se espera de Tesla Motors. En Tesla Motors, los robots que trabajan en la línea de ensamblaje pegan, remachan y sueldan piezas de automóviles, todo mientras son observados por un humano. Todos los trabajadores de Tesla pueden estar orgullosos de sí mismos porque son parte de una nueva era en la fabricación en la que los robots se utilizan para renovar.

2. *Los robots son costosos*: Las aplicaciones domésticas modernas serán solo algunas piezas de hardware doméstico que las personas comprarán todos los días sin pensarlo dos veces. Cada uno de estos equipos ha evolucionado gracias a décadas de mejora y un millón de unidades en el campo que se han desarrollado y que han extendido los costos. El mismo principio se aplica a los robots. El problema es que casi todos los robots necesitarán estar especializados y requerirán hardware que costará mucho.

Los actuadores serán una de las partes más caras que un robot necesita tener. El precio de estos actuadores no tiende a la baja, como el precio de los procesadores o sensores. Tomemos, por ejemplo, Willow Garage spinout factory Perception. Antes de que Google lo comprara, esta startup se acercó a la velocidad humana a la hora de detectar y quitar cajas de los contenedores.

Sin embargo, este sistema robótico utiliza sensores que son económicos como las cámaras o los dispositivos Kinect construidos por Microsoft. Sin embargo, el robot seguirá requiriendo un costoso brazo robótico que debe ser alimentado por actuadores convencionales. La buena noticia es que existe la posibilidad de que estemos a punto de ver mucha innovación en lo que respecta a los sistemas de actuación. Esto ayudará a reducir el costo de los robots como lo hizo con los electrodomésticos.

Una de las áreas muy prometedoras involucrará los sensores que se colocan en las articulaciones que luego le permiten al robot controlar sus movimientos de manera segura y calculada.

Hay grupos como la robótica IAM de derivación de la Universidad Carnegie Mellon (CMU), Redwood Robotics y Modbot que están buscando formas únicas de reducir el número y simplemente los motores, engranajes y sensores que necesita un robot. Al hacer esto, el precio de los robots se reducirá drásticamente y ayudará a reducir los costes de los brazos, lo que terminará influyendo en el coste de todo el robot.

> 3. *Los robots supuestamente son utilizados para operaciones de Alto Nivel*: Al igual que una máquina CNC (control numérico por computadora), los robots son programables, y el robot cambiará de una referencia en ejecución a otra diferente a través del proceso de invocar un nuevo programa. Gracias a diseños cuidadosos, es posible incorporar flexibilidad en una familia completa de piezas a través del estímulo de la etapa final. Si es completamente necesario, un robot puede intercambiar sus "manos" como las de una máquina CNC que puede cambiar las herramientas que necesita para hacer su trabajo.

La tecnología de sensores ya ha avanzado, lo que le permite simplificar la presentación de la pieza. Los sistemas de visión pueden identificar y ubicar piezas, así como reducir la necesidad de herramientas manuales. La detección forzada ayuda a los robots a ajustarse para que puedan realizar tareas de ensamblaje que requieren precisión.

Se pueden usar robots más modernos de manera efectiva para manejar la fabricación hasta un volumen medio. Los robots de fabricación se programan y cambian rápidamente, lo que termina resultando en una producción económica de alta velocidad.

> 4. *La programación de los robots es difícil debido a los complejos que son*: Los robots se programan a través de

programas fuera de línea o dispositivos de programación manual. Con el dispositivo de programación manual, la persona que está programando el robot tomará el robot y le enviará una serie de pasos, ya que está afinado y almacena cada punto que necesita ser almacenado. Luego, el robot pasará por este programa y verificará si hay colisiones antes de volver a ejecutarlo. Continuará ejecutándolo hasta que la persona que programa el robot esté completamente satisfecha con el movimiento que se le está enseñando y que funcione sin ningún problema.

La programación fuera de línea significa que el usuario puede usar un modelo para completar y modificar cualquier movimiento que luego utilizará el robot. La respuesta del modelo al programa determinará cuántas modificaciones necesitará después de que se haya instalado en el robot.

5. *Los sistemas de robots son complejos y los programas son difíciles de soportar*: Los robots son extremadamente confiables en comparación con otras máquinas que se utilizan en entornos comerciales y de fábrica. Los proveedores de robótica han citado un tiempo promedio entre fallas de 62.000 números o más en aproximadamente siete años. Las células de robot generalmente incluirán otros equipos además de todos los sensores de baja confiabilidad. Sin embargo, en general, el equipo automatizado dedicado seguirá siendo más complejo que la célula.

6. *Los robots hacen lo que les digo que hagan*: Los robots son creados para responder a los comandos de voz que están disponibles. Sin embargo, están lejos y son escasos porque las aplicaciones prácticas son limitadas. En este momento, es más eficiente y rentable programar un robot y controlarlo a través de la automatización. Por lo tanto, al final, este mito es plausible, pero no es práctico en este momento.

7. *Los robots son máquinas construidas para parecerse a un humano:* El aspecto de un robot dependerá de la fuente del robot. Según Merriam-Webster, la definición de un robot es "una máquina que se parece a un ser humano y realiza varios actos complejos de un ser humano; también: una máquina similar, pero ficticia, cuya falta de capacidad para las emociones humanas a menudo se enfatiza".

Hay otras definiciones para un robot, pero al final, el robot se construirá para mostrar un diseño que sea eficiente para el trabajo que está haciendo".

8. *Los robots son fuertes, pero no ágiles:* En 2015, los investigadores del Laboratorio de Manipulación de Biomiméticos y Destrezas de Stanford University construyeron un gecko-bot que podía lanzar hasta 2.000 veces su peso, lo que equivale a un humano tirando una ballena por la tierra.

Por supuesto, los robots serán más fuertes que los humanos, pero eso no significa que no sean tan ágiles como los humanos.

La Ecole Polytechnique Federale en Suiza inventó una pinza robótica que podía transportar 80 veces su peso y era lo suficientemente hábil como para recoger un huevo o un solo pedazo de papel. Esta pinza fue la primera en usar electro adhesión y sensores que le permitirían al robot adaptarse a las situaciones en las que se colocó.

Los robots están comenzando a realizar todo tipo de habilidades motoras finas que les permiten realizar trabajos que los humanos han estado haciendo, y lo hacen sin pausa.

9. *Los robots son inteligentes, pero no pueden determinar la intención*: Los robots están diseñados para ser lo suficientemente inteligentes como para reemplazar los trabajos que los humanos hacen todos los días, y se predice

que para 2040, los robots inteligentes superarán en número a los humanos.

Los robots de IA pueden transcribir el habla mejor que la mayoría de los transcriptores profesionales, y también pueden detectar el cáncer en un portaobjetos de tejido mejor que los epidemiólogos humanos. ¡La inteligencia artificial incluso está creando robots que pueden aprender a ser más inteligentes!

Entonces, a su vez, a medida que un robot se vuelva más inteligente y aprenda más, será capaz de aprender intenciones y hacerse más inteligente.

10. *Los robots pueden aprender, pero no pueden evolucionar por sí mismos:* Como usted ha visto, los robots son fuertes e inteligentes, pero usted puede pensar que no pueden evolucionar. Sin embargo, se equivoca.

Un robot noruego aprendió a evolucionar por sí mismo mientras imprimía en 3D la próxima generación de sí mismo. Los expertos ubicados en la Universidad de Oslo dijeron: "Donde los programas de inteligencia artificial, no los humanos, innovan nuevos productos".

En otras palabras, debido a que la tecnología está en constante evolución, significa que habrá robots que podrán evolucionar por sí mismos y ser más inteligentes que cuando se crearon por primera vez.

Como usted puede ver, hay muchos mitos que han demostrado ser falsos acerca de los robots, y hay muchos otros mitos por ahí que aún deben ser refutados. Entonces, el hecho de que usted no entienda a los robots, no significa que deba inventar cosas sobre ellos. Es más fácil conectarse y buscar lo que usted quiere saber que creer una mentira y parecer un tonto cuando hable de algo en lo que no es un experto.

Capítulo 4: Todo lo que usted necesita saber sobre la automatización de procesos robóticos

La automatización robótica de procesos, conocida también como RPA, está emergiendo rápidamente en forma de tecnología de automatización de procesos empresariales que se basarán en los programas en los que trabajan los robots y la inteligencia artificial.

En la mayoría de las herramientas de automatización de flujo de trabajo tradicionales, habrá un desarrollador que creará una lista de acciones que deben automatizarse para que se complete una tarea, mientras se conecta a la parte posterior del sistema mediante el uso de un programa de aplicación interno o API. También puede usar lenguajes de script dedicados. Esto será diferente porque los sistemas RPA desarrollarán listas de acciones observando lo que hacen los usuarios y se colocarán en la interfaz gráfica de usuario de la aplicación antes de ejecutar la automatización mediante la repetición de la tarea directamente en la GUI. Esto podrá eliminar la barrera que permitirá utilizar la automatización en proyectos que pueden no contener API por este motivo.

Las herramientas RPA tendrán algunas de las mismas técnicas que se ven en las herramientas de interfaz gráfica de usuario a nivel técnico. Las herramientas pueden programar las interacciones que están vinculadas a la GUI y generalmente lo hacen repitiendo las acciones que realizó el usuario. Las herramientas RPA serán diferentes de otros sistemas que incluyen características que pueden permitir que los datos sean tratados entre y durante la ejecución de varias aplicaciones. Tomemos, por ejemplo, cuando recibe un correo electrónico que tiene una factura adjunta. Los datos se pueden extraer y luego escribir en un sistema que hará un seguimiento de las finanzas.

Historia de la Evolución

RPA se destaca como un avance tecnológico importante, y es debido a esta solución que se requerirán nuevas plataformas de programas que serán más maduras, resistentes, escalables e incluso confiables cuando las grandes empresas las utilicen.

Cuando usted observa qué tan lejos ha llegado la tecnología desde el Web Scrach o raspado de pantalla, podrá comprenderla mejor cuando vea un ejemplo que a menudo se cita en los estudios académicos.

Una plataforma que usan los usuarios conocida como Xchanging, una compañía global con sede en el Reino Unido que proporciona procesamiento comercial, servicios de adquisición y tecnología en todo el mundo, tiene un robot antropomorfizado que se conoce con el nombre de Poppy.

A partir de este ejemplo, se puede ver el nivel de genio y su facilidad de uso, especialmente en algunas de las plataformas tecnológicas más modernas. Debido a esto, los usuarios podrían verlo no como un servicio programado hipotético, sino como una entidad o cosa. La plataforma sin código de RPA, será una de las cosas más importantes que diferenciará a RPA del raspado de pantalla.

Despliegue

El alojamiento de los servicios RPA se alineará con una metáfora de los robots programados donde cada movimiento robótico tiene su propio lugar de trabajo, similar a los trabajadores humanos. Los robots pueden usar los mismos controles que se ven en una computadora para tomar medidas y ejecutar tareas. Típicamente, estas acciones ocurrirán en un entorno controlado y no en una pantalla porque un robot no requerirá pantallas físicas para ver sus resultados. En su lugar, interpretará los resultados electrónicamente para que no necesiten mostrarse en una pantalla. Si estas soluciones modernas no se pueden implementar a gran escala, su disponibilidad será limitada y solo podrá administrar unos pocos equipos físicos y los costos asociados. La implementación de RPA en las principales empresas ha ayudado a ahorrar mucho dinero cuando se ha comparado con las soluciones más tradicionales que no son RPA.

Por supuesto, RPA tiene sus riesgos. Las críticas incluyen el riesgo de suprimir la creatividad e incluso pueden terminar creando entornos de mantenimiento más complejos con los programas que ya existen.

El Impacto de RPA en el empleo

Cuando usted lea Harvard Business Review y observa lo que dijeron sobre RPA, verá que creen que la mayoría de los grupos de operaciones adoptarán RPA mientras prometen a los que trabajan para ellos, que el uso de los robots no va a causar desempleo. Por el contrario, los trabajadores serán capacitados para que puedan pasar su tiempo haciendo algo más interesante. Según un estudio académico, los trabajadores no deberían sentir que la automatización es una amenaza para su conocimiento, sino reconocerlos como compañeros de equipo. En el mismo estudio, también puede ver, que cuando se ha implementado la tecnología en lugar de dar como resultado una plantilla más baja, ha habido más productividad con la misma cantidad de personas.

Por otro lado, algunos analistas creen que RPA va a ser un riesgo para los procesos comerciales que externalizan su trabajo. Esto creará trabajos de alto valor para aquellos que se consideran diseñadores de procesos calificados en ubicaciones en tierra, pero va a disminuir las oportunidades disponibles para los trabajadores poco calificados en alta mar.

Impacto en la Sociedad

Se han realizado más estudios académicos y se ha proyectado que RPA y otros avances tecnológicos ayudarán a iniciar una nueva era de mayor productividad y métodos más eficientes, que beneficiarán al mercado laboral global. Sin embargo, estas ganancias no se pueden atribuir directamente y solo a RPA. Muchos investigadores o asociaciones creen que hasta el 35% de todos los trabajos serán automatizados para 2035.

Al mismo tiempo, el profesor Willcocks, autor de un artículo de LSE, habló sobre un aumento en la satisfacción laboral y la estimulación intelectual que puede caracterizarse como la tecnología que saca los avances tecnológicos de la humanidad. Esta referencia a los robots que se hacen cargo de la carga de trabajo mundana y repetitiva diaria de las personas, les permite hacer algo más interesante o significativo.

RPA y Robótica

Como usted ha visto anteriormente en este capítulo, la automatización del proceso de robótica va a llegar a donde los robots pueden automatizar sus tareas para que no tengan que ser entrenados sobre cómo hacer algo cada día. Esto ayudará a los humanos a hacer algo que sea más interesante y significativo, lo que contribuirá al aumento de la calidad de producción de los productos que se fabrican. Esto dará lugar a que las empresas se centren más en el servicio al cliente y en otras áreas en las que pueden tener carencias, porque ahora están capacitando a sus empleados para hacer otro trabajo.

Capítulo 5: Robots Móviles

Los robots móviles son robots capaces de locomoción. Estos robots generalmente se enumeran como un subcampo para la ingeniería de información, así como la robótica.

Los robots móviles pueden moverse por todo su entorno y no quedar atrapados en un solo lugar. Los robots móviles pueden ser autónomos o AMR (robots móviles autónomos). Esto indica que pueden navegar a través de un entorno no controlado sin la guía de dispositivos humanos o electromecánicos. Por otro lado, los robots móviles dependerán del software de orientación para cubrir una ruta que ha sido pre-programada mientras se encuentra en un entorno controlado. Estos tipos de vehículos se conocen como vehículos guiados autónomos o AGV. Por el contrario, los robots de fábrica serán en su mayoría estacionarios porque funcionan con un brazo articulado y un conjunto de pinzas (también pueden funcionar con un estímulo de etapa final), que no se pueden mover porque está unido a su espacio de trabajo.

Los robots móviles comienzan a ser más comunes en entornos de fábrica y comerciales. Los centros médicos han comenzado a usar robots móviles que pueden seguir una ruta predeterminada para mover un producto que es demasiado pesado para que lo muevan los trabajadores humanos. Los almacenes han comenzado a instalar sistemas robóticos móviles, para que los materiales de los estantes puedan trasladarse eficientemente a las zonas de despacho. Las investigaciones actuales, así como la mayoría de las universidades, a menudo se concentran en robots móviles. Los campos de seguridad y militares también hacen uso de robots móviles. Los robots móviles domésticos incluyen robots de entretenimiento que pueden realizar tareas domésticas como la jardinería o aspiradora.

Los módulos para robots móviles serán el controlador, los programas de control, los actuadores y los sensores. El controlador generalmente será un microprocesador que está vinculado a un control distante o una computadora portátil. Los programas serán un lenguaje de script de algún tipo como C o C ++. Los sensores dependerán de las condiciones establecidas para el robot. Las condiciones podrían incluir habilidades de procesamiento, sensores para detectar lo que se está tocando, qué tan cerca están de algo, formando un mapa basado en su ubicación, o incluso evitar colisiones, y cualquier cantidad de otras aplicaciones.

Clasificación

Los robots móviles se clasifican de la siguiente manera:

1. Según el ambiente en donde viajan

a. Los robots árticos fueron inventados para navegar a través de climas llenos de hielo y abismo.

b. Los robots que se usan en tierra o en el hogar generalmente se denominan vehículos terrestres no tripulados o UGV. Por lo general, se moverán sobre orugas o ruedas, pero también pueden cubrir los robots que tienen patas. Estos robots constarán de dos o más patas.

c. Los AUV, vehículos submarinos autónomos, son los llamados robots submarinos.

d. Los UAV, vehículos aéreos no tripulados, son los que se llaman robots

aéreos.

2. El dispositivo que usan para moverse

    a. Pistas

    b. Ruedas

    c. Piernas

Navegación Robótica

1. *Distancia física o teleoperadora*: este robot se teleopera físicamente y el conductor da las órdenes mediante un interruptor u otros dispositivos de control distantes. Lo distante se conectará directamente a un robot o actuará como un accesorio para una computadora portátil o algún otro medio de operación. Se utilizará un robot teleoperador para garantizar que el operador esté seguro. Algunos ejemplos de robots manuales distantes son el Anatroller ARI - 50 y el ARI - 100 de Robotics Design. También está el MK-705 Rosterbot de KumoTek y el Talon de Foster-Mille.

2. *Teleoperador Protegido*: este robot de teleobjetivo está protegido y puede detectar y moverse alrededor de obstáculos, pero va a navegar mientras se conduce. Un robot teleoperador manual se puede comparar con esto. No hay muchos robots en movimiento que presenten solo teleoperador protegido.

3. *Carro Sigue línea*: seguirán una línea visual que está incrustada en el techo o el piso o pintada. También seguirán un cable eléctrico tendido en el piso. Muchos de estos robots funcionan con un algoritmo básico que es "mantener la línea en el sensor central". Estos robots no se moverían alrededor de obstáculos; en su lugar, se detendrían y esperarían hasta que lo que bloqueaba su camino fuera eliminado Todavía

puede comprar la línea que sigue a los automóviles porque son producidos por Transbot, FMC, Egemin, HK Systems y varios más. Robots como este siguen siendo populares en las sociedades robóticas porque son el primer paso dado al aprender sobre robótica.

4. *Robot Aleatorio Autónomo*: los robots autónomos que tienen movimientos aleatorios que rebotarán en las paredes incluso si detectan las paredes.

5. *Robot guiado de forma autónoma:* tienen pocos datos sobre su destino y la información necesaria para alcanzar su objetivo o cualquier lugar en el que deba detenerse en su ruta. El conocimiento de dónde está actualmente el robot se puede determinar, gracias al menos a uno de los siguientes métodos: sensores, visión, sistemas de posicionamiento global, láser y estereopsis. Estos sistemas de ubicación generalmente usarán la localización, posición relativa y triangulación de Montecarlo / Markov para determinar exactamente dónde está la plataforma para el robot en la ruta del próximo objetivo. Este robot puede recopilar lecturas de sus sensores que están estampadas con ubicación y tiempo. Tomemos, por ejemplo, un PatrolBot. Este robot actúa como seguridad que envía una notificación al centro de comando cuando ocurren emergencias, opera los ascensores y responde a las alarmas. Se pueden usar otros robots guiados de forma autónoma en un hospital. El Dr. Ahmed Elgammal, un científico informático, el Dr. Simeon Kotchomi, un biólogo, y el Dr. Qingze Zou, un ingeniero, ayudaron a la artista, Elizabeth Demaray, a crear un robot autónomo que tiene la capacidad de buscar agua y luz solar para una planta en maceta en 2013.

Autonomía Deslizante

Algunos de los robots más capaces se combinan con varias etapas de navegación bajo un sistema que se conoce como autonomía deslizante. El modo manual se puede ver en la mayoría de los robots que se guían de forma independiente, como el robot del hospital, HelpMate. El sistema operativo del robot autónomo Motivity se ha utilizado con MapperBot, SpeciMinder, PatrolBot, ADAM y muchos otros robots que presentan un rango de autonomía que puede pasar de ser operado manualmente a un modo protegido.

Historia

Periodo de Tiempo	Evolución
1939 - 1945	Debido a los avances tecnológicos en múltiples campos de investigación, como la cibernética y la informática, los primeros robots móviles se crearon durante la Segunda Guerra Mundial. En su mayoría eran bombas voladoras. Algunos ejemplos fueron los cohetes V2 y V1. Tienen sistemas de detonaciones pre-programados y "piloto automático". Otra son las bombas inteligentes. El uso de control de radar y sistemas de guía, una vez cerca del objetivo, era la única vez que detonarían. Los misiles de crucero actuales se desarrollaron utilizando estos robots.
1948 - 1949	"Elsie" y "Elmer" fueron construidos por W. Gray Walter. Ambos eran robots autónomos. Como les gustaba explorar su entorno, se llamaban Machina Speculatrix. Se instalaron sensores de luz en los dos robots que los ayudaron a moverse cuando se localizaba una fuente de luz. También podrían eliminar o evitar los obstáculos que se encontraban en su camino. Estos robots demostraron que los diseños simples pueden realizar comportamientos complejos. Dos células nerviosas podrían compararse con Elsie y Elmer

1961 - 1963	"Bestia" fue creada por la Universidad Johns Hopkins. Para moverse por sus alrededores, se instaló un sonar. Bestia también podría enchufarse después de localizar una toma de corriente si sus baterías tenían poca carga.
1969	El robot "Mowbot" fue el primero en cortar el césped automáticamente.
1970	Un robot con una cámara instalada era capaz de seguir una línea blanca y se llamaba seguidor de línea de Stanford Cart. Los cálculos fueron realizados por la gran unidad central que estaba vinculada al robot por radio. El robot "Shake" fue construido por el Instituto de Investigación de Stanford de 1966 a 1972. Los movimientos bruscos que mostró hicieron que se llamara Shakey. Este robot presentaba un enlace de radio, una cámara, un telémetro y sensores de impacto. Debido a su capacidad de pensar antes de realizar sus acciones, fue reconocido como el primer androide. Shake podría descubrir qué debía hacerse para poder completar la tarea una vez que se proporcionaran los comandos generales. Un rover lunar móvil de la Unión Soviética, Lunokhod 1, exploró la superficie de la luna.
1976	Dos embarcaciones sin tripulación del programa Viking de la NASA, fueron enviadas a Marte.
1980	El interés público en los robots aumentó, lo que resultó en la compra de robots para utilizarse en el hogar. Estos robots se utilizaron con fines educativos o de entretenimiento. Algunos ejemplos serían RB5X (un

	robot que todavía se puede comprar hoy), así como la serie HERO. La Stanford Card ahora puede moverse a través de una carrera de obstáculos y hacer un mapa de sus alrededores.
Principios de 1980	Se construyó el primer automóvil robot que podía alcanzar una velocidad de 55 mph en una calle vacía. Fue construido en la Universidad Bundeswehr de Munich por el equipo dirigido por Ernst Dickmann
1983	Mihail Sestakov y Stevo Bozinovski controlaron un robot en movimiento a través de un programa paralelo como un sistema multitarea de la serie IBM donde solo se usaba una computadora.
1986	Gjorgi Gruevski y Stevo Bozinovski usaron comandos de voz para controlar los robots con ruedas.
1987	La primera operación autónoma basada en sensores y el mapa entre países fue demostrada por los Laboratorios de Investigación Hughes.
1988	Mihail Sestakov, Stevo Bozinovski y Lijana Bozinovska usaron señales EEG para controlar un robot móvil.
1989	Mark Tilden inventó BEAM robotics.
1990s	El padre del brazo robótico, Joseph Engelberger, y sus colegas trabajaron juntos para diseñar el primer robot de hospital autónomo disponible comercialmente que fue producido por Helpmate. El proyecto MDARS-1 fue financiado por el Departamento de Defensa. El robot de seguridad interior de Cybermotion fue la base de este

	proyecto.
1991	Utilizado para actividades de investigación, un pequeño robot móvil autónomo fue desarrollado por Francesco Mondada, Andre Guignard y Edo Franzi llamado "Khepera". El laboratorio LAMI-EPFL apoyó este proyecto.
1993 - 1994	Utilizado para la exploración de volcanes en vivo, la Universidad Carnegie Mellon desarrolló Dante y Dante II.
1994	Con invitados a bordo, VITA -2 y VaMP de Ernst Dickmanns de UniBwM y Daimler-Benz condujeron en la autopista de tres carriles de París más de mil kilómetros a través del tráfico pesado. 130 km / h fue la velocidad alcanzada. Demostraron cómo un robot móvil podía conducir de manera autónoma en carriles libres, conducir convoyes y cambiar de carril mientras adelantaba a otros autos u otros autos les adelantaban a ellos.
1995	ALVINN, un robot semiautónomo, conducía un automóvil de una costa a otra, bajo el control de una computadora, a menos de 50 millas de las 2.850 millas. Un humano controlaba los frenos y el acelerador.
1995	El robot móvil programable de Pioneer estaba disponible comercialmente a un precio económico, lo que permitió que la robótica y el estudio y la investigación de la universidad aumentaran en las próximas décadas, mientras que la universidad convirtió la robótica móvil como parte vital de su plan de

	estudios.
1996	Cyberclean Systems desarrolló el robot aspirador que fue el primero en ser totalmente autónomo. Podría auto cargarse, operar un elevador y aspirar un pasillo sin la intervención de un humano.
1996 - 1997	Sojourner, un rover llevado por el Mars Pathfinder, fue enviado a Marte por la NASA. El comando fue enviado desde la Tierra al rover para que pudiera realizar su exploración. Se instaló un sistema de prevención de riesgos en Sojourner que le permitió explorar el terreno desconocido de manera segura.
1999	Aibo, un perro robótico, fue presentado por Sony que podía ver, caminar e interactuar con su entorno. Se introdujo el PackBot, que era un robot militar que podía controlarse desde la distancia.
2001	El proyecto Swarm-bots comenzó. Se podrían comparar con las colonias de insectos. Por lo general, están formados por múltiples robots simples que pueden interactuar juntos para completar una tarea compleja.
2002	Apareció por primera vez un robot móvil autónomo doméstico, Roomba, que podía limpiar el piso.
2003	Intellibot, un fabricante de robots comerciales, fue comprado por Axxon Robotics. Estos robots podrían limpiar los pisos en edificios de oficinas, centros médicos y otros edificios comerciales. Los robots para el cuidado del piso que fueron fabricados por Intellibot Robotics LLC funcionaban completamente por sí

	mismos porque podían mapear sus alrededores y usar varios sensores para navegar y evitar obstáculos.
2004	Mark Tilden puso Robosapien a disposición comercial. Era un robot de juguete. El Proyecto Centibots hizo cien robots autónomos. Su objetivo era trabajar codo con codo para mapear y buscar elementos en un entorno desconocido. Una competencia de vehículos totalmente autónomos, DARPA Grand Challenge, tuvo lugar por primera vez en un campo desértico.
2005	Boston Dynamics creó un robot cuádruple. Su objetivo era transportar cargas pesadas a través del terreno que era demasiado difícil para que los vehículos viajaran.
2006	Sony detuvo la producción de HelpMate y Aibo. Se lanzó el primer robot comercialmente disponible, TALON-Sword. Presentaba opciones de armas integradas y lanzagranadas. Asimo by Honda ha aprendido a subir escaleras y correr.
2008	Boston Dynamics lanzó el video de una nueva generación de Big Dog que mostraba su recuperación del equilibrio después de ser pateado a un lado y su capacidad para caminar en terreno helado.
2010	El Desafío Internacional de Robótica Terrestre Multi-Autónomo creó equipos de vehículos autónomos con el objetivo de mapear, identificar y rastrear a los humanos en una gran área urbana, evitando objetos peligrosos.

2016	Un francotirador que era buscado por matar a cinco policías de Dallas, Texas, fue asesinado por el robot de control remoto ágil multifuncional (MARCbot), que la policía usó por primera vez. Se plantearon preguntas éticas debido a este incidente que se refería al uso de robots y drones por parte de la policía contra los perpetradores. Cataglyphis, un rover del Sample Return Robot Centennial Challenge de la NASA, mostró habilidades de recuperación, capacidades de retorno, toma de decisiones, detección de muestras y navegación autónoma.
2017	Los robots para el desafío ARGOS, fueron construidos para soportar trabajar en situaciones muy difíciles en instalaciones de petróleo y gas en alta mar.

Capítulo 6: Inteligencia Artificial

La inteligencia artificial, también conocida como IA, a menudo se conoce como inteligencia artificial y es la inteligencia que comúnmente se muestra en las máquinas en lugar de la inteligencia natural que generalmente se ve en los humanos y en otros mamíferos. Cuando se trata de ciencias de la computación, la investigación de inteligencia artificial se incluirá como un estudio de inteligencia que se muestra mediante dispositivos que pueden percibir el entorno que lo rodea para tomar medidas que puedan maximizar sus posibilidades de alcanzar con éxito sus objetivos. Informalmente, la palabra inteligencia artificial generalmente estará vinculada a una máquina que puede copiar la función cognitiva o el aprendizaje de una función cognitiva humana.

Las definiciones a menudo no incluyen que la IA tiene la capacidad de usar la inteligencia para completar tareas. Esto se considera un fenómeno que se conoce como el efecto de IA que puede conducir a la broma que se encuentra en el Teorema de Tesler que dice "IA es lo que no se ha hecho todavía". Tome, por ejemplo, un reconocimiento especial a través de la visión que se ha dado a conocer como tecnología convencional. Las máquinas modernas ahora son capaces de cosas que las clasifican como IA porque pueden comprender con éxito el habla humana al tiempo que compiten en juegos estratégicos de alto nivel como el ajedrez. También pueden operar automóviles de manera autónoma y son lo suficientemente inteligentes como para manejar el enrutamiento en simulaciones militares y redes de entrega de contenido.

Kaplan y Haenlein clasificaron la inteligencia artificial en tres clases diferentes, que tomaron prestada de la literatura de gestión: inteligencia artificial humanizada, A inspirada en el ser humano e IA analítica. La inteligencia artificial analítica solo tendrá características que sean consistentes con la inteligencia cognitiva y emocional cuando se trata de comprender, así como reconocer, elementos cognitivos y emociones humanas que se tienen en cuenta en las decisiones que toman. La IA humanizada muestra características de cada competencia: inteligencia emocional, cognitiva, emocional y social, además de ser consciente de sí mismo y lo suficientemente consciente como para interactuar con los demás. La inteligencia artificial inspirada en el ser humano debe tener un aspecto humano además de sus habilidades perceptivas, sociales y cognitivas. Deben poder comunicarse claramente con el uso del lenguaje natural. El último avance llamado olfato, acerca las raíces mucho más a los humanos, ya que ahora pueden reconocer los olores.

La primera base de la inteligencia artificial como disciplina académica, data de alrededor de 1956. Múltiples oleadas de optimismo se experimentaron en los años siguientes, a los que también siguieron muchos fracasos e incluso problemas de financiación. Este fue llamado el invierno de la IA, pero fue rápidamente reemplazado por nuevos enfoques de IA, triunfos y más fondos para la investigación robótica. Durante gran parte de su historia, la experimentación de inteligencia artificial se ha podido separar en subcampos que generalmente no mantienen contacto entre sí. Los subcampos generalmente se pueden clasificar en función de sus consideraciones técnicas e incluso de un conjunto específico de objetivos al usar herramientas particulares o incluso diferencias analíticas. Estas subcategorías también se pueden crear a partir de factores sociales en los que la institución o los investigadores están interesados.

Los objetivos o problemas tradicionales de la investigación artificial incluyen la capacidad de manipular y mover objetos, procesamiento del lenguaje natural, percepción, aprendizaje, representación, planificación, conocimiento y razonamiento. La inteligencia general es uno de los objetivos a largo plazo del campo. Los enfoques incluyen IA simbólica tradicional, métodos estadísticos e inteligencia computacional. La IA utiliza varias herramientas, incluida la optimización matemática y de búsqueda, redes neuronales artificiales y métodos que se crean debido a estadísticas como la economía y la probabilidad. El campo de la IA recurre regularmente a la lingüística, la filosofía, la psicología, la ingeniería de la información, las matemáticas, la informática y mucho más.

La inteligencia artificial se estableció con el argumento de que la inteligencia de los humanos "puede describirse con tanta precisión que se puede hacer una máquina para simularla". Es debido a este argumento filosófico y otras discusiones sobre el cerebro y cualquier ética involucrada en el diseño de los androides y otros robots, que cuentan con los sistemas necesarios para tener inteligencia, igual que los humanos, producen problemas que han sido explorados a fondo gracias a los mitos, la filosofía y la ficción desde la antigüedad. Algunas personas creen que la IA se convertirá en un peligro para la humanidad si el progreso no disminuye. Sin embargo, hay otros que piensan que la IA, a diferencia de otras revoluciones tecnológicas, va a causar un problema masivo al examinar el desempleo.

En el siglo XXI, la tecnología y la metodología de IA han experimentado un resurgimiento a la hora de seguir algunos de los avances tecnológicos que se han producido en la potencia de la computadora, la comprensión teórica y las grandes cantidades de datos. Los métodos de inteligencia artificial se han convertido en una parte vital de esta industria que avanza rápidamente y han ayudado a resolver múltiples problemas que requieren más atención en informática, investigación de operaciones e ingeniería de programas.

Historia

Los androides de procesamiento del pensamiento se han detallado en historias desde la antigüedad y se han establecido en la ficción como en R.U.R por Karel Capek o Frankenstein por Mary Shelley. Estos personajes y sus destinos, han provocado algunos de los mismos problemas que ahora se están discutiendo cuando se trata de los principios de la inteligencia artificial.

El estudio del razonamiento para los androides comenzó con teóricos y estadísticos de matemáticas. El examen de la logística de las matemáticas finalmente condujo a la teoría de la computación por Alan Turing, lo que sugeriría que una máquina puede copiar cualquier acto plausible de deducción matemática mediante la combinación de símbolos como 1 y 0. Fue esta idea la que hizo posible la tesis de Church-Turing, donde cualquier proceso de razonamiento formal puede ser simulado por computadoras digitales. Junto con los descubrimientos actuales de información, cibernética y neurobiología, se ha llevado a los investigadores a considerar el desarrollo del cerebro electrónico como una posibilidad. Turing propone que "si un humano no puede distinguir entre las respuestas que provienen de una máquina y un humano, entonces la máquina podría considerarse el ser inteligente". El diseño formal de Turing, neuronas artificiales completas, fue reconocido como el primer trabajo en inteligencia artificial. Fue creado en 1943 por McCulloch y Pitts.

El campo de la investigación de inteligencia artificial se inició por primera vez en un taller que se estaba llevando a cabo en el Dartmouth College en 1956. Los asistentes fueron Allen Newell de CMU, John McCarthy de MIT, Herbert Simon de CMU, Arthur Samuel de IBM y Marvin Minsky de MIT, todos los cuales serían considerados los líderes y fundadores de la investigación de inteligencia artificial. Estos profesores y sus estudiantes continuaron produciendo programas que la prensa consideraría asombrosos, y las computadoras aprendieron estrategias de damas y, en 1959, supuestamente jugaban mejor que los humanos. También podían resolver problemas de palabras en álgebra, hablar inglés y probar teoremas lógicos. El Departamento de Defensa de los Estados Unidos financió en gran medida las investigaciones sobre IA a mediados de los años 60. También establecieron muchos laboratorios en todo el mundo.

Los fundadores tienen una visión muy optimista del futuro de la inteligencia artificial. Como predijo Herbert Simon, "las máquinas serán capaces, dentro de veinte años, de hacer cualquier trabajo que un hombre pueda hacer". Esto fue acordado por Marvin Minsky, quien agregó: "Dentro de una generación... el problema de crear "inteligencia artificial" será resuelto sustancialmente".

Al no reconocer las dificultades de algunas de las tareas, el progreso se ha ralentizado y disminuido. Debido a la presión del Congreso de EE. UU. y las críticas de Sir James Lighthill, los gobiernos de EE. UU. y Gran Bretaña cortaron cualquier investigación exploratoria de inteligencia artificial. El invierno de la IA siguió durante los siguientes años, en los que era difícil obtener fondos para un programa destinado a la inteligencia artificial.

Debido al éxito comercial de los sistemas expertos, la investigación de la inteligencia artificial se retomó a principios de los años 80. Los sistemas expertos son un tipo de programa de IA que se centra en estimular el análisis y el conocimiento de los expertos humanos. El mercado de IA alcanzó más de mil millones de dólares en 1985. Durante este tiempo, la financiación para la investigación académica fue restaurada por los gobiernos de los Estados Unidos y Gran Bretaña, quienes se inspiraron en el proyecto informático de la Quinta Generación de Japón. Sin embargo, la inteligencia artificial volvió a caer en 1987 debido al colapso del mercado de la máquina Lisp. Esto condujo a la segunda y más larga pausa de la IA.

A finales de los años 90 y principios del siglo XXI, la logística como el diagnóstico médico y la minería de datos comenzaron a usar IA. Debido al mayor énfasis en resolver problemas específicos y la evolución en el poder computacional de IA, el retorno de IA fue un éxito. Esto hizo que la inteligencia artificial se acercara a otros campos. Los investigadores y sus métodos matemáticos también se comprometieron con los estándares científicos. Por primera vez en 1997, Garry Kasparov, el actual campeón mundial de ajedrez, fue abatido por un sistema informático de ajedrez llamado Deep Blue.

Se realizó un partido de exhibición en un concurso de preguntas y respuestas, Jeopardy, en 2011, donde dos de los mejores campeones fueron derrotados con una diferencia significativa por el sistema Watson de IBM. Alrededor de 2012, las mejoras en la percepción y los algoritmos, las computadoras más rápidas, el aprendizaje profundo y los avances hambrientos de datos comenzaron a dominar los puntos de referencia de precisión. La Xbox 360 tiene una interfaz de movimiento corporal en 3D que fue proporcionada por Kinect. Los algoritmos que usan mucha investigación de IA se usaron en Xbox One. Los teléfonos inteligentes incluso, tienen asistentes personales inteligentes. AlphaGo ganó cuatro de los cinco partidos de Go celebrados en marzo de 2016 contra el campeón de Go. Vencer a un jugador profesional de Go que no tiene una desventaja lo convirtió en el primer sistema de computadora Go-playing. Al año siguiente, AlphaGo volvió a ganar contra el campeón número uno que había sido el ganador durante dos años consecutivos en la Cumbre Future of Go. Como Go es más complejo que el ajedrez, este fue un hito importante y finalmente completó el desarrollo de la inteligencia artificial.

Jack Clark, de Bloomberg, incluso dijo que la inteligencia artificial tuvo un gran año en 2015 debido a un aumento en la cantidad de programas y proyectos que se enfocan o usan la IA. Además, desde 2011, las tasas de error de las tareas de procesamiento de imágenes cayeron drásticamente. El aumento en las redes neuronales, según Clark, puede ser la razón de este cambio drástico. Un aumento en los conjuntos de datos y herramientas de investigación y el aumento de las infraestructuras de computación en la nube hicieron que las redes neuronales fueran más asequibles

Una encuesta realizada en 2017 mostró cómo la IA se incorporó en una de cada cinco empresas para ser utilizada en sus procesos. China aumentó la financiación del gobierno en 2016. El resultado fue el rápido aumento de la producción de investigación y el enorme suministro de información que convirtió a China en una superpotencia en inteligencia artificial, según creen los observadores.

Principios Básicos de la IA

La IA generalmente estudia su entorno y toma medidas para alcanzar sus objetivos. El objetivo de una IA puede ser algo tan simple como ganar un juego o tan complejo como hacer una ecuación matemática. Estas metas pueden ser inducidas, o pueden definirse explícitamente. Los objetivos pueden ser inducidos implícitamente si la IA está programada para el aprendizaje de refuerzo a través de un sistema de recompensa por buen comportamiento y castigos por mal comportamiento. Por otro lado, un sistema evolutivo puede ayudar a inducir objetivos a través de una función de acondicionamiento físico para mutar y replicar preferentemente un sistema de IA de alto puntaje, que será similar a cómo evolucionan los animales para lograr objetivos, como encontrar comida o cómo un perro puede ser criado a través de la selección artificial porque posee rasgos específicos. Hay algunos sistemas de IA como el vecino más cercano que razonarán por analogía, pero a estos sistemas generalmente no se les dan objetivos. Pero hasta cierto punto, los objetivos van a estar implícitos en sus datos de entrenamiento. Algunos sistemas pueden ser comparados, si el sistema sin objetivos se enmarca como un sistema cuyo objetivo es lograr con éxito una tarea de clasificación estrecha.

La IA gira principalmente en torno al uso de algoritmos. Se pueden ver algoritmos más simples debajo de los algoritmos más complejos. Los algoritmos simples son como un juego de tic tac toe:

1. Si alguien representa una amenaza, entonces dos deben tomarse en una fila, y luego el cuadrado restante debe tomarse; de otra manera,

2. Si un movimiento se "bifurca" para crear dos hilos a la vez, se debe jugar ese movimiento; de otra manera,

3. Si el cuadrado central está libre, debe tomarse; de otra manera,

4. Si su oponente decide tomar la esquina, debe tomar la otra esquina; de otra manera,

5. Si hay una esquina vacía, tome una; de otra manera,

6. Se debe tomar cualquier cuadrado vacío.

Muchos algoritmos de IA pueden aprender de los datos que recopilan, lo que puede ayudarlos a mejorarse aprendiendo nuevas heurísticas o ayudarlos a escribir otros algoritmos. Hay algunos alumnos que verán descritos a continuación, que incluyen el vecino más cercano, los árboles de decisión y las redes bayesianas que podrían ser útiles, en caso de que se le otorgue una cantidad infinita de memoria, tiempo y datos para aproximar cualquier función, que incluye lo que sea combinación de funciones matemáticas que describirían mejor el mundo entero. Estos aprendices podrían avanzar para saber todo al considerar cada hipótesis posible y luego compararla con los datos. En la práctica, nunca es posible considerar cada posibilidad gracias al fenómeno de la explosión combinatoria, donde la cantidad de tiempo que se necesita para resolver un problema termina creciendo exponencialmente. Gran parte de la investigación sobre IA incluye descubrir cómo identificar y evitar una amplia gama de posibilidades que probablemente no sean útiles. Tomemos, por ejemplo, que está mirando un mapa e intentando encontrar la ruta de conducción más corta desde su ciudad natal hasta el área metropolitana más cercana. En la mayoría de los casos, puede omitir pasar por todas las ciudades pequeñas o cualquier cosa que esté fuera del camino; que es algo que la IA haría gracias a un algoritmo de búsqueda de ruta. De esa manera, cada ruta está planificada y no tiene que preocuparse por perder el tiempo en llegar a su destino.

Problemas

Uno de los objetivos generales de investigación sobre la inteligencia artificial es crear tecnología que permita que otras máquinas y computadoras funcionen de manera inteligente. El problema general para esto es la simulación de inteligencia, que debe desglosarse en subproblemas. Estos consistirán en un conjunto específico de rasgos que los investigadores esperan que muestre un sistema inteligente. Los rasgos se describen a continuación:

Resolución de Problemas y Razonamiento

Uno de los objetivos generales de investigación para la inteligencia artificial es crear soluciones y razonamientos de tecno problemas.

Los primeros investigadores crearon algoritmos que mostraban el razonamiento paso a paso que los humanos usaban cuando realizaban una deducción lógica o resolvían acertijos. En algún momento a finales de los 80 e incluso a principios de los 90, los investigadores de IA crearon un nuevo método utilizado para tratar información incierta e incompleta. Esto empleó una idea basada en la economía y la probabilidad.

Se descubrió que cada uno de estos algoritmos era insuficiente cuando se trataba de resolver grandes problemas de razonamiento, ya que estaban experimentando explosiones combinatorias, lo que significaba que eran exponencialmente más lentos cuanto más crecían los problemas. De hecho, los humanos rara vez usan una reducción paso a paso, que los primeros investigadores de IA estaban usando como modelo. Los humanos usualmente usan juicios intuitivos para resolver sus problemas.

Representación del Conocimiento

La ingeniería del conocimiento y la representación del conocimiento serán la base para la investigación clásica de IA. Hay algunos sistemas expertos que han intentado reconstruir el conocimiento explícito que poseen los expertos en algún dominio limitado. Además de eso, algunos proyectos han tratado de reunir el conocimiento de sentido común que posee una persona promedio, que lo integra en una base de datos que contiene un amplio conocimiento del mundo. Entre estas cosas está la base de conocimiento integral de sentido común que contendrá propiedades, categorías, objetos y relaciones que ocurren entre eventos, tiempos, situaciones, objetos y estados. También incluye causa y efecto, conocimiento y muchos otros dominios que no están tan bien investigados. Una representación de "lo que existe" es una ontología que establece propiedades, conceptos, relaciones y objetos para que el agente de un programa pueda interpretarlos. Su semántica se capturará a través de individuos, conceptos de lógica de descripción, roles y generalmente se implementan como propiedades, individuos y clases en el lenguaje de ontología web.

La ontología superior, que es la ontología más general, actúa como mediador entre la ontología de dominio para tratar de proporcionar una base para todos los demás conocimientos. Algunas representaciones formales de conocimiento se pueden usar con apoyo de decisión clínica, indexación y recuperación basadas en contenido e interpretación de escenas, así como descubrimiento de conocimiento y muchas otras áreas.

Los problemas más difíciles de la representación del conocimiento incluyen Logia que permitirá que otras máquinas y computadoras funcionen de manera inteligente. El problema general para esto es la simulación de inteligencia, que debe desglosarse en subproblemas. Estos consistirán en un conjunto específico de rasgos que los investigadores esperan que muestren un sistema inteligente. Los rasgos se describen a continuación:

1. *El problema de calificación y el razonamiento predeterminado*: muchas personas conocen los supuestos de trabajo. Tomemos, por ejemplo, si un pájaro se le viene a la mente mientras habla con alguien, entonces generalmente usted puede ver un pájaro en su cabeza y describirlo lo suficientemente bien como para que otra persona sepa lo que está pensando. Sin embargo, lo que usted cree saber sobre las

aves puede no ser la verdad sobre cada ave. En 1969, John McCarthy identificó este problema como un problema de calificación: porque habrá una gran cantidad de excepciones a cualquier regla de sentido común que los investigadores de IA puedan representar. Casi nada se marca simplemente como verdadero o falso en la forma en que la lógica abstracta realmente lo requiere. La investigación de IA tiene que explorar todas las soluciones al problema.

2. *La amplitud del conocimiento de sentido común*: la cantidad de hechos atómicos que una persona conoce es grande. Hay proyectos de investigación que están tratando de construir un conocimiento completo basado en el conocimiento de sentido común, pero requerirá una gran cantidad de laboriosa ingeniería ontológica que debe construirse a mano un concepto a la vez.

3. *La forma subsimbólica de algunos conocimientos de sentido común*: lo que la mayoría de la gente sabe no puede representarse como un hecho o una declaración que pueda expresarse verbalmente. Tomemos, por ejemplo, a alguien que es bueno en ajedrez. Evitarán ciertas posiciones porque se sienten demasiado expuestos, o incluso los críticos de arte pueden mirar pinturas y saber que son falsas. Estas son instituciones subsimbólicas, y no son pensamientos conscientes. El conocimiento de este tipo proporciona, apoya e informa un contexto para el conocimiento consciente. Al igual que con este problema de razonamiento subsimbólico, se espera que la IA situada, la IA estadística o la inteligencia computacional proporcionen una forma de representar este tipo de conocimiento.

Planificación

El establecimiento de metas y cómo se pueden lograr, se determina mediante una planificación inteligente. Los objetivos deben visualizar el futuro y las acciones realizadas deben coincidir con los objetivos.

Cuando se trata de problemas de planificación clásicos, un agente asumirá que es el sistema el que está actuando dentro del mundo, al permitir que los agentes estén seguros de las consecuencias de sus acciones. Sin embargo, si el agente es solo el actor, requerirá que el agente actúe sin ninguna certeza. Esto requiere que el agente evalúe sus entornos y haga predicciones, pero también debe evaluar sus predicciones y adaptarse según estas evaluaciones.

La planificación de múltiples agentes utilizará la cooperación y la competencia de múltiples agentes para alcanzar un objetivo específico. El comportamiento emergente será utilizado por inteligencia de enjambre y algoritmos evolutivos.

Enfoques

No hay teorías establecidas que guíen la investigación de la IA en curso. Los investigadores están constantemente en desacuerdo sobre muchos temas. Algunas preguntas de larga data que no han sido respondidas son:"¿Debería la inteligencia artificial simular la inteligencia natural mediante el estudio de la psicología o la neurobiología?" "¿O la biología humana es tan irrelevante para la investigación de la IA como la biología de las aves es para la ingeniería aeronáutica usando principios simples y elegantes?" "¿O necesariamente requiere resolver una gran cantidad de problemas completamente no relacionados?"

Cibernética y simulación cerebral

Durante las décadas de 1940 y 1950, hubo varios investigadores que exploraron cómo la neurobiología, la cibernética y la teoría de la información se unían. Algunos de estos investigadores construyeron máquinas que usarían redes electrónicas para exhibir inteligencia rudimentaria, como las tortugas de W. Gray Walter o la Bestia Johns Hopkins. Ratio Club de Inglaterra y la Sociedad Teleológica de la Universidad de Princeton celebraron reuniones donde participaron muchos investigadores. No fue hasta 1960, que se abandonó este enfoque, aunque, en la década de 1980, se recuperaron algunos elementos.

Simbólico

Siempre que se hizo posible el acceso a las computadoras digitales, la IA comenzó a explorar cómo la inteligencia humana podría reducir la manipulación de símbolos. CMU, MIT y Stanford son el centro de la investigación. Una buena IA pasada de moda, o GOFAI para abreviar, es el nombre que John Haugel les dio a estos enfoques simbólicos de la IA. Fue durante los años 60 que los enfoques simbólicos comenzaron a tener éxito cuando se trataba de simular un programa de alto nivel al pensar en un pequeño programa demostrativo. Los enfoques se basan en la cibernética, así como en redes neuronales artificiales que fueron empujadas a un segundo plano o abandonadas por completo. La investigación en los años 60 y 70 manifestaba que los enfoques simbólicos eventualmente crearían una máquina con inteligencia general artificial y se pensaba que ese era el objetivo de su campo.

Simulación cognitiva

En un intento de formalizarlos, Herbert Simon y Allen Newell, ambos economistas, estudiaron las habilidades de resolución de problemas humanos. Su trabajo sentó las bases para la inteligencia artificial junto con la investigación de operaciones, la ciencia de gestión y la ciencia cognitiva. Su equipo de investigación estaba utilizando los resultados que obtuvieron de los experimentos psicológicos para desarrollar habilidades que ayudarían a simular las técnicas que las personas necesitaban para resolver problemas. Esta tradición comenzó en CMU y finalmente terminó circulando a través de la arquitectura Soar durante la década de 1980.

Desaliñado o Antilógico

Los investigadores del MIT descubrieron que se requieren soluciones ad-hoc para resolver problemas difíciles a través del procesamiento del lenguaje natural y la visión y estos investigadores argumentaron que cualquier principio general o simple no podría capturar todos los aspectos del comportamiento inteligente. Roger Schank fue el que describió los enfoques anti-lógicos de los equipos usando la palabra desaliñado o no ordenado. Dado que las bases de conocimiento de sentido común deben construirse a mano, se convirtió en un ejemplo de IA desaliñada, y este fue un concepto complicado en un momento.

Aplicaciones

Cualquier tarea intelectual puede estar relacionada con la inteligencia artificial. El efecto IA es un fenómeno en el que ya no se considera que una técnica sea inteligencia artificial si se ha convertido en la corriente principal.

Los autos y drones autónomos son solo algunos de los ejemplos modernos de alto perfil de IA. También puede verlos en la orientación de anuncios en línea, decisiones judiciales, predicción de retrasos en los vuelos, filtrado de spam, reconocimiento de imágenes, asistentes en línea, motores de búsqueda cuando se juegan juegos como ajedrez o Go, la demostración de teoremas matemáticos, la creación de arte, y diagnóstico médico.

Las redes sociales están tomando lentamente la televisión como una fuente para llegar a los jóvenes, lo que significa que las grandes organizaciones de noticias tienen que depender de las plataformas de las redes sociales para que las personas lean las noticias. Incluso los principales editores están utilizando inteligencia artificial para generar un mayor volumen de tráfico y publicar efectivamente más historias.

Cuidado De la Salud

Los resultados han sugerido que se pueden ahorrar hasta 16 mil millones de dólares si la IA se usa para diagnosticar pacientes. En 2016, un estudio innovador en California, con la ayuda de la IA, vio la creación de una fórmula para determinar correctamente la dosis correcta de medicamentos inmunosupresores que necesita un paciente de órganos.

Gracias a la asistencia del médico, la inteligencia artificial ha ido haciéndose hueco en la industria de la salud lentamente. Una IA desarrollada por Microsoft ya ha ayudado a los médicos a encontrar cómo tratar el cáncer adecuadamente. Según Bloomberg Technology, ya se ha desarrollado una gran cantidad de medicamentos e investigaciones relacionadas con el cáncer. Para ser más detallados, supuestamente se han hecho más de 800 vacunas y medicamentos para tratar el cáncer. Sin embargo, esto puede tener un efecto negativo en los médicos, ya que puede ser difícil encontrar el medicamento adecuado para el paciente entre demasiadas opciones.

Hanover es un proyecto en curso de Microsoft. El objetivo principal es memorizar a todos los investigadores y estudios sobre el cáncer y ayudar a predecir la combinación más efectiva de medicamentos. La lucha contra la leucemia mieloide es un proyecto en el que actualmente se está trabajando. Este tipo de cáncer es fatal y no ha habido mejoras en su tratamiento a lo largo de las décadas. Un estudio también ha encontrado que la capacidad de la IA para localizar el cáncer de piel se puede comparar con un médico capacitado. También se ha llevado a cabo otro estudio en el que se usa IA para descubrir y controlar a varios pacientes que corren un mayor riesgo. La IA hace preguntas a cada paciente en función de la información recopilada de las interacciones entre el médico y el paciente.

Los cirujanos también realizaron un estudio en el Centro Médico Nacional para niños ubicado en Washington. El equipo de cirujanos utilizó un robot autónomo bajo su supervisión para realizar una cirugía en el intestino de un cerdo. Observaron que al robot le fue mucho mejor que a un médico humano experto. Watson, una computadora con inteligencia artificial propiedad de IBM, también hizo un diagnóstico de una mujer que sufre de leucemia.

Automotor

Los avances en IA han contribuido al crecimiento de la industria automotriz al crear y evolucionar vehículos autónomos. La IA ha sido utilizada por más de treinta empresas en 2016 para crear automóviles sin conductor. Algunas de esas compañías incluyen Apple, Google y Tesla.

Las funciones de un automóvil autónomo se componen de varios componentes. Los sistemas incorporados en estos vehículos incluyen navegación, mapeo, frenado, prevención de colisiones y cambio de carril. Cuando se combinan, estos funcionarán desde una computadora de alto rendimiento que está dentro del vehículo complejo.

Aunque todavía se están probando, los camiones sin conductor ahora también se han creado gracias a las mejoras actuales en automóviles autónomos. El gobierno del Reino Unido ya aprobó la legislación sobre pruebas de arranque de camiones sin conductor en 2018. Una flota de camiones sin conductor seguirá a un camión sin conductor. Las Inspiraciones Freightliner están siendo probadas al mismo tiempo por una corporación automotriz en Alemania llamada Daimler. Este será un camión semiautónomo utilizado en la carretera.

Uno de los grandes factores que influyen si un vehículo puede estar sin conductor es si el mapeo funciona correctamente. En general, los mapas del área donde conducirá un vehículo generalmente están pre-programados. Este mapa incluirá luces de la calle y alturas de bordillo para que el vehículo esté familiarizado con el área. Sin embargo, Google ya ha trabajado en un algoritmo con el objetivo de eliminar la necesidad de mapas pre-programados y, en su lugar, lo reemplazará con un dispositivo que se adaptará al nuevo entorno por el que pasa el vehículo.

Algunos de los autos autónomos ya desarrollados no tienen roturas ni volantes. Forman parte de un estudio de investigación centrado en la creación de un algoritmo que puede mantener un entorno seguro para los pasajeros al familiarizarse con las condiciones de conducción y la velocidad.

Otro factor que influye en el automóvil sin conductor es la seguridad del pasajero. Para hacer un automóvil sin conductor, los ingenieros tienen que programarlo para que pueda manejar situaciones que pueden traer mayores riesgos. Estos pueden incluir colisiones frontales de peatones. Su objetivo es mantener seguros tanto a los peatones como a los pasajeros. Existe la posibilidad de que el automóvil tenga que tomar una decisión que ponga a alguien en peligro. En otras palabras, el automóvil puede tener que decidir salvar a sus pasajeros o al peatón. El programa será una parte crucial de la creación de un auto sin conductor exitoso.

Finanzas y Economía

Las instituciones financieras han utilizado redes neuronales artificiales durante mucho tiempo para detectar cambios o reclamos que no están dentro del gasto normal del cliente. Estos cargos se marcan para investigación humana. Desde 1987, la banca ha estado utilizando inteligencia artificial cada vez que el Security Pacific National Bank crea un Grupo de Trabajo de Prevención de Fraude para que se pueda contrarrestar el uso no autorizado de tarjetas de crédito. Los servicios financieros también usan IA en programas como Moneystream y Kasisto.

Los bancos ahora usan IA para administrar propiedades, invertir en acciones, mantener la contabilidad y organizar operaciones. Cada vez que un negocio no se lleva a cabo, u ocurre cualquier cambio durante la noche, IA puede reaccionar ante él. En 2001 tuvo lugar una competición de comercio financiero simulada en la que un robot venció a un humano. También monitorea los patrones de comportamiento del usuario, ayudando así a reducir los delitos financieros y de fraude.

Videojuegos

Los videojuegos también usan inteligencia artificial para que los NPC (personajes que no sean jugadores) puedan tener un comportamiento dinámico y resuelto. Además de eso, la búsqueda de caminos también utiliza técnicas de IA. Algunos estudios piensan que los NPC en videojuegos pueden resolver problemas para tareas de producción.

Militar

En 2015, los ejércitos de todo el mundo habían gastado dinero por un valor de $ 7.5 mil millones en robótica desde $ 5.1 mil millones. Los drones militares se han convertido en un activo útil debido a las acciones autónomas que presentan los militares. Vladimir Putin dijo en 2017 que, "quien se convierta en el líder en inteligencia artificial se convertirá en el gobernante del mundo". Muchos investigadores de IA se mantienen alejados de las aplicaciones militares de IA.

Capítulo 7: Machine Learning

El "Machine Learning" se refiere al subcampo que se encuentra en la ciencia del PC (computadora personal) donde los PC reciben las herramientas necesarias para aprender sin ser programados por una persona.

La evolución de este estudio incluyó el reconocimiento de patrones y la teoría del aprendizaje que se pueden encontrar en el campo de la inteligencia artificial. Las máquinas explorarán el estudio y aprenderán cómo construir algoritmos y hacer predicciones con los datos que se proporcionan para estos algoritmos, como superar las instrucciones de programación estática. Estas instrucciones serán conducidas por datos para predicciones o decisiones utilizando entradas básicas de datos para construir un modelo.

Los algoritmos se inventan en tareas informáticas y se llevan a cabo con un rendimiento óptimo. Aquí es donde normalmente se emplea el aprendizaje automático. Un ejemplo de esto es la clasificación que realiza su correo electrónico en un esfuerzo por mantener su correo electrónico seguro.

El machine learning o aprendizaje automático, tiende a superponerse con las estadísticas de PC donde las predicciones se realizan a través de un PC que tiene fuertes lazos para optimizar las ecuaciones matemáticas. Esto también llega a donde las teorías, métodos y aplicaciones dominan el campo.

La minería de datos, que utiliza análisis de datos, a menudo se confunde con el machine learning. El aprendizaje no supervisado es lo que también se llama análisis de datos. Incluso si no está supervisado, el aprendizaje automático también debe aprender a crear una línea de base para su comportamiento antes de encontrar anomalías significativas.

En el campo de análisis de datos, el machine learning se utilizará para crear métodos complejos junto con algoritmos que se utilizarán en las predicciones. Estas predicciones se conocen como análisis predictivo cuando se usan comercialmente. Las predicciones permitirán a los investigadores, analistas, ingenieros y científicos de datos tomar decisiones fiables como una forma de descubrir cualquier información que pueda ocultarse al aprender de las tendencias de datos y las relaciones históricas.

En 2016, el machine learning se convirtió en una palabra de moda para el ciclo de exageración de Gartner mientras estaba en el pico de sus expectativas infladas. Debido al hecho de que encontrar patrones es difícil, a menudo no hay suficiente entrenamiento para todos.

Tareas y Problemas

Dependiendo de la naturaleza del aprendizaje, puede clasificar el aprendizaje automático en tres categorías:

1. *Aprendizaje no supervisado:* no se darán etiquetas para los algoritmos de aprendizaje que se utilizan, que lo dejarán para encontrar su propia estructura en la entrada. Puede utilizar el aprendizaje no supervisado como un objetivo para encontrar patrones que están ocultos en los datos que está utilizando o como un medio para un fin.

2. *Aprendizaje supervisado*: su PC recibirá entradas, así como el resultado que usted desea, para que el PC pueda aprender una regla general sobre cómo mapear la entrada y los resultados.

3. *Aprendizaje de refuerzo*: habrá un programa para PC que funciona con un entorno dinámico para realizar objetivos específicos, como cuando usted juega contra un oponente. El programa le enviará comentarios en términos de recompensas y castigos a medida que navega por el espacio del problema.

Hay un aprendizaje semi-supervisado que va a caer entre supervisado y no supervisado. Esto va a ser cuando va a dar señales de entrenamiento que no están completas con el conjunto de entrenamiento para que el programa tenga que hacer parte del trabajo.

La transducción será siempre que el principio asuma todo el problema, como los tiempos de aprendizaje. Pero esto no va a funcionar cuando faltan objetivos.

El aprendizaje automático también incluye categorías como el aprendizaje, donde el programa aprenderá el sesgo inductivo del programa en función de las experiencias que han sucedido antes.

El aprendizaje del desarrollo será lo mismo que el aprendizaje por robot, donde el programa podrá generar su propia secuencia a partir de las situaciones de aprendizaje que atraviesa para que pueda aprender nuevas habilidades mediante interacciones con humanos y otros programas y exploración.

Otra categoría de aprendizaje automático va a suceder cuando usted considere cuál es el resultado del sistema de aprendizaje automático:

1. La clasificación de las entradas se dividirá en al menos dos clases donde el usuario tendrá que producir un modelo que tomará las entradas que el usuario no ve desde estas clases. Esto generalmente sucederá en el aprendizaje supervisado, como cuando su correo electrónico se filtra entre spam y no spam.

2. La reversión también será supervisada para que los resultados sean continuos en lugar de ser discretos.

3. La agrupación tomará los conjuntos de entrada y los dividirá en varios grupos. Sin embargo, la diferencia entre la agrupación y la

clasificación es que los grupos no serán conocidos por el usuario antes de crearlos, lo que hace que esta sea una tarea sin supervisión.

4. La estimación de densidad localizará la distribución de las entradas en ese espacio.

5. La reducción de dimensionalidad toma la entrada y la simplifica para que puedan asignarse a la dimensión más baja.

6. El modelado de temas tendrá un problema del programa insertado por un usuario y se encargará de ver si los documentos que se insertaron cubren temas relacionados.

Un modelo de aprendizaje automático de clasificación se podrá validar mediante una técnica que utiliza la estimación de precisión, como una reserva. Una reserva va a dividir los datos al entrenar y probar su conjunto antes de evaluar el conjunto de prueba en el rendimiento del modelo. Sin embargo, si observa la validación cruzada n fold, entonces verá que los datos se dividirán aleatoriamente en subconjuntos donde las instancias k-1 se utilizarán para entrenar el modelo mientras la instancia k va a se utilizará para probar la capacidad predictiva del modelo de entrenamiento que está utilizando.

Junto con esto, el método de retención y validación cruzada utilizará muestras para las instancias en las que el reemplazo proviene del conjunto de datos y cómo se podrá usar para evaluar la precisión del modelo.

Además de eso, hay una precisión general que encuentra un investigador; se informará sobre especificidad y sensibilidad, como la tasa negativa verdadera y la tasa positiva verdadera, lo que significa que las tasas negativas verdaderas y positivas verdaderas a veces informarán tasas positivas falsas o tasas negativas falsas.

Sin embargo, son estas tasas las que no mostrarán el numerador y el denominador de la ecuación. Su característica operativa total será un método eficaz que mostrará las capacidades de diagnóstico del modelo. La característica operativa total también revelará los numeradores y denominadores que se mencionaron anteriormente en las tarifas, lo que significa que la característica operativa total le mostrará más información de la que pudo usar con la característica operativa del receptor, que va a caer debajo del área debajo de la curva.

Debido a lo que es, el aprendizaje automático a menudo plantea muchas preguntas éticas. Los sistemas que están capacitados para trabajar con los datos que recopile serán sesgados en función de las pruebas en las que se utilizarán los sesgos, lo que digitalizará los prejuicios culturales. Por lo tanto, la responsabilidad derivada de la recopilación de datos será una gran parte del aprendizaje automático.

Debido al lenguaje que usa cuando trata con el aprendizaje automático, va a usar máquinas que están entrenadas en un sesgo.

Redes Neurales y Deep Learning

Las redes neuronales son paradigmas de programación que están inspirados biológicamente para permitir que un PC aprenda de los datos observados.

El deep learning o aprendizaje profundo es un conjunto de técnicas que utilizará para redes neuronales.

Tanto las redes neuronales como el deep learning le brindarán la mejor solución a cualquier problema que pueda enfrentar cuando trabaje con el reconocimiento y procesamiento de imágenes, habla y lenguaje natural.

El sistema visual humano es complejo y una de las cosas más interesantes que usted puede estudiar, porque nunca va a entender completamente cómo funciona con las otras partes de su cuerpo.

Tomemos la escritura a mano, por ejemplo, muchas personas podrán ver algo que está escrito y podrán decirle lo que está escrito sin ningún problema, pero el pequeño esfuerzo que se requiere para reconocer lo que está escrito es realmente engañoso. Si observa los diferentes hemisferios de su cerebro, se dará cuenta de que su corteza visual tiene varios millones de neuronas que se conectarán.

Sin embargo, su visión no se conectará a su corteza visual, sino a una serie de cortes que involucran su visión; por lo tanto, llegar a donde puede procesar incluso las imágenes más complejas.

El interior de su cabeza es esencialmente un súper PC que ha sido multado por la evolución. La capacidad de reconocer la escritura a mano no siempre es fácil, pero su cerebro se ha adaptado inconscientemente. No es muy frecuente que nos tomemos el tiempo para pensar cuán complejo es realmente nuestro sistema visual.

Al igual que es difícil reconocer patrones visuales, un PC no tendrá estos problemas. Sin embargo, va a ser diferente de cómo lo hacemos nosotros mismos. Nuestros cerebros reconocen las formas y cómo se escriben las cosas, pero ¿cómo le dice esto a un PC? Usted tendrá que establecer reglas, y esas reglas terminarán perdiéndose en las excepciones y advertencias que tendrá que crear.

Sin embargo, el enfoque de red neuronal verá el problema de una manera diferente. Tomará una gran cantidad de números escritos a mano y entrenados para reconocer las diversas formas para que pueda hacer lo que nuestro cerebro puede hacer. Esencialmente, la red neuronal va a usar los ejemplos que están dentro de los datos que usted ingresa para inferir las reglas establecidas y reconocer los números escritos a mano. Cuanto más agregue a la cantidad de ejemplos que capacitan al programa, más podrá la red aprender más opciones de escritura a mano para mejorar su precisión.

Las redes neuronales van a funcionar con una neurona artificial que se conoce como perceptrón, que fue desarrollada en los años 60 por Frank Rosenblatt. Pero cuando lo veamos hoy, se usará como otros modelos de neuronas artificiales. Su neurona principal se conocerá como la neurona sigmoidea. Para comprender la neurona sigmoidea, usted debe comprender los perceptrones.

Los perceptrones tomarán varias entradas binarias y le darán un único resultado binario. A Rosenblatt se le ocurrió una regla única que se utilizará cuando se trate con el resultado de los perceptrones. Aquí es donde entraron los pesos como una forma de expresar el número real, y le dan importancia a los aportes y resultados. El resultado para la neurona será cero o uno y determinará el peso de la suma y si es menor o mayor que el valor umbral.

Su valor umbral será un número real que se utilizará en los parámetros de la neurona. Piense en el perceptrón como un dispositivo que tomará sus decisiones sopesando la evidencia.

Por ejemplo, si usted desea ir a una excursión familiar, hay varias cosas que tendrá que observar para determinar si podrá ir a la excursión según lo planeado:

1. ¿El automóvil es lo suficientemente grande para todos los que quieren ir?

2. ¿Va a hacer buen tiempo?

3. ¿Qué necesita empacar por la cantidad de tiempo que va a estar fuera?

Cada factor podrá ser representado por una variable binaria. Al observar los pesos y el umbral de su problema, se pueden crear diferentes modelos para el proceso de toma de decisiones. Su perceptrón será lo que decida si va a salir o no. Cuando baje el umbral, lo más probable es que vaya a salir con su familia.

Tenga en cuenta que su perceptrón no será un modelo completo del proceso de toma de decisiones que un humano puede hacer. Sin embargo, su perceptrón podrá sopesar diferentes pruebas para tomar las decisiones que necesita tomar, lo que debería parecer más plausible para una red compleja de perceptrones que tomarán pequeñas decisiones que quizás no note que se están tomando.

Si bien un algoritmo de aprendizaje parece el camino a seguir, ¿cómo va a crear un algoritmo para una red neuronal? Piense si usted tiene una red para sus perceptrones que pueda usar para resolver problemas. Las entradas para la red serán como los datos de píxeles sin procesar que se escanean en el programa para que la red pueda aprender pesos y sesgos para que el resultado se clasifique correctamente. Si usted realiza algún cambio en el peso en la red, su resultado se corresponderá con el cambio que realizó.

Sin embargo, la realidad de los perceptrones es que cuando se realiza un cambio en los pesos, existe la posibilidad de que el perceptrón se voltee completamente debido a ese cambio. Este cambio hará que el comportamiento de toda su red cambie completamente a un comportamiento más complejo. Entonces, aunque uno de sus números se clasificará correctamente, su red se comportará de una manera que será difícil de controlar.

El nuevo comportamiento de su red hará que sea difícil ver cómo deben modificarse sus pesos y bases para que su red esté más cerca del comportamiento que desea. Por lo tanto, debe haber una forma inteligente de solucionar este problema que puede no ser obvia al instante.

Puede superar el problema simplemente introduciendo una nueva neurona conocida como neurona sigmoidea. Estas neuronas serán como los perceptrones, pero se modificarán para que cuando realice pequeños cambios, solo le den un pequeño cambio en su resultado en lugar de cambiar que su resultado cambie por completo. Esto es de vital importancia, y la neurona sigmoidea estará habilitada para aprender el comportamiento de la red.

Su neurona sigmoidea tendrá entradas que son similares a su perceptrón. Sin embargo, podrá tomar cualquier valor que se encuentre entre cero y uno, lo que significa que puede usar los puntos decimales que se encuentran entre estos dos números como una entrada válida para su neurona sigmoidea. Al igual que un perceptrón, su sigmoide tendrá un peso para cada entrada, así como un sesgo que cubre todo en esa neurona. Sin embargo, su resultado no será cero o uno; se conocerá como una expresión sigmoidea y se definirá mediante esta ecuación:

$$\sigma(z) \equiv 1 / 1 + e - z$$

Otra forma de verlo es poner los resultados de su neurona sigmoidea con sus entradas:

$1/1 + \exp(-\sum jwjxj - b)$

Cuando usted mira por primera vez su neurona sigmoidea, parecerán muy diferentes a sus perceptrones. Sin embargo, la expresión algebraica para la expresión sigmoidea parecerá opaca y como si nunca fuera capaz de dominarla. Sin embargo, usted podrá hacerlo porque hay muchas similitudes entre sus perceptrones y sus neuronas sigmoideas.

En un esfuerzo por comprender las similitudes, debe mirar un modelo de perceptrón como $z \equiv w \cdot x + b$ donde tiene un número positivo grande. Lo que significa que $e - z \approx 0 e - z \approx 0$ y $\sigma(z) \approx 1$ son iguales. En última instancia, su neurona sigmoidea será un gran número positivo al igual que lo sería para el perceptrón.

Ahora, piense que está trabajando con números negativos, entonces su comportamiento sigmoide será el mismo que el perceptrón. La única vez que verá la desviación de su modelo de perceptrón es de tamaño modesto.

Pero, ¿cuál es su forma matemática de σ? La verdad del asunto es que la forma exacta de esta variable no tiene impacto porque vamos a querer centrarnos en la forma de nuestra expresión.

Si esta función es una expresión escalonada, su neurona sigmoidea terminará siendo un perceptrón debido al hecho de que el resultado sería cero o uno dependiendo de si su ecuación le da un resultado positivo o negativo.

Cuando usa la función para σ, obtendrá un perceptrón que es suave. Sin embargo, la suavidad de su expresión no es algo a lo que deba dedicar mucho tiempo para concentrarse. La suavidad simplemente modificará los pesos y el sesgo, lo que luego cambiará el resultado para su neurona sigmoidea.

Gracias al cálculo, su resultado será predicho por esta ecuación:

Δ resultado ≈j ∂ resultado / ∂wjΔwj + ∂ resultado / ∂b Δb,

Su suma que se encuentra sobre todos sus pesos y su resultado va a mostrar una derivada parcial para su resultado con el respeto que se necesita para sus pesos. Usted no debe preocuparse demasiado si descubre que no se siente cómodo trabajando con derivados parciales. Su expresión anterior se verá compleja debido a todas las derivadas parciales que contiene, pero en realidad verá que es bastante simple al ver su resultado como una expresión lineal. La linealidad hará fácil seleccionar cambios más pequeños que se realizan en los pesos y las bases para llegar al cambio que desea en su resultado. Por lo tanto, su neurona sigmoidea tendrá el mismo comportamiento que el perceptrón, lo que hará que sea más fácil para usted descubrir cómo cambiar sus pesos y sesgos para cambiar el resultado.

Si la forma es lo que más importa, entonces no será una forma exacta, que será la razón del uso de la o en la ecuación. Cuando usted observa los cambios que hacen que utilice una expresión de activación diferente, el valor de esa derivada parcial cambiará en la ecuación. Entonces, cuando usted calcule esas derivadas más tarde, su función tomará el álgebra y lo simplificará para que los exponenciales tengan propiedades con las que pueda trabajar cuando se diferencie.

Al interpretar su resultado que proviene de la neurona sigmoidea, verá que una de las mayores diferencias serán los perceptrones y las neuronas donde las neuronas no dan como resultado cero o uno. Pueden tener cualquier resultado siempre que el resultado sea un número real y caiga entre cero y uno. Esto será útil cuando desee que su resultado represente la intensidad promedio de los píxeles que se encuentran en una imagen. Sin embargo, a veces esto va a ser un problema.

Tomemos, por ejemplo, si desea que su resultado diga que su imagen es nueve o no nueve. Será más fácil hacer esto en caso de que su resultado sea cero o uno para su perceptrón. Sin embargo, en la práctica, tendrá que establecer una convención para lidiar con esto, de modo que pueda interpretar el resultado de al menos la mitad de la imagen, lo que indicará el número que realmente quiere que sea. Esto significa que cualquier resultado que sea inferior a la mitad significa que el resultado no será lo que usted quiere que sea.

Big Data

Parece que 2012 fue el año en que surgieron las tecnologías de big data y era para todos. Pero en 2013, el análisis de big data pasó a otro nivel. Cuando usted obtenga una cantidad considerable de datos, tendrá que administrarlos, pero también querrá extraer la información más útil de las colecciones, y esto será un desafío más difícil. Big data no solo va a cambiar las herramientas que usted usa, sino que también va a cambiar la forma en que las personas piensan acerca de la extracción e interpretación de datos.

Por lo general, la ciencia de datos será prueba y error, lo que será imposible cuando se trabaje con conjuntos de datos más grandes y heterogéneos. Sin embargo, cuantos más datos estén disponibles, generalmente habrá menos opciones que se construirán para los modelos predictivos debido al hecho de que no habrá muchas herramientas capaces de procesar una gran cantidad de información en un tiempo razonable. Además, las soluciones estadísticas tradicionales se centrarán en el análisis que es estático, lo que limitará las muestras de análisis congeladas en el tiempo y, por lo general, le proporcionarán resultados superados y poco confiables.

Sin embargo, otras alternativas solucionarán los problemas que tiene sobre los dominios de investigación que se ampliarán, y esto será el aprendizaje automático. Las estadísticas y la ciencia del PC tienen aplicaciones que se centrarán en el desarrollo de algoritmos que serán rápidos y eficientes para procesar datos en tiempo real con el objetivo de entregar predicciones precisas.

Algunas aplicaciones se utilizarán en casos de negocios, como decirles cuánto producto deben comprar o detectar fraude. Las técnicas utilizadas en el aprendizaje automático también resuelven problemas de aplicación, como calcular estadísticas en tiempo real y realizar un análisis confiable mediante el uso de métodos genéricos y automáticos para simplificar las tareas del científico de datos.

Machine Learning y Reversiones

Al observar el modelado estadístico, notará que el análisis de reversión será el proceso de estimar las diversas relaciones que ve entre las variables. Esto incluirá las técnicas que utiliza al analizar y modelar varias variables a la vez cuando esté enfocado en mostrar la relación entre una variable independiente y una dependiente.

El análisis de reversión lo ayudará a comprender cómo va a cambiar el valor habitual de la variable dependiente mientras que la variable independiente no va a cambiar. La reversión también va a estimar la expectativa condicional para la variable que depende de la variable independiente y el valor promedio para esa variable.

Con menos frecuencia, usted verá los parámetros de cuantil o de ubicación para la distribución condicional de la variable que depende de lo que es la variable independiente. En la mayoría de los casos, su estimación será una expresión para la variable independiente, que se denominará expresión de reversión. Al tratar con el análisis de reversión, también va a mostrar su interés en la caracterización de la variación de la variable dependiente contra la expresión que se describirá como la distribución de probabilidad.

Un enfoque que puede tomar es un análisis condicional que tomará la estimación para el máximo en lugar del promedio de las variables dependientes en función de la variable independiente que se proporciona para que pueda decidir si la variable independiente es necesaria pero no suficiente para el valor que se le da a la variable dependiente.

Utilizará la reversión para la previsión y cuando se superpone con el aprendizaje automático. También lo usará como una forma de comprender la relación entre las variables independientes y dependientes. Cuando se trata de una circunstancia restringida, puede usar la reversión para inferir la relación causal entre las variables. Sin embargo, esto puede terminar dándote una relación falsa; por lo tanto, debe tener cuidado al usar la reversión.

Existen algunas técnicas que puede utilizar para la reversión, como la reversión lineal o la reversión de mínimos cuadrados. Su expresión de reversión se definirá en términos de números finitos que no tendrán un parámetro conocido. La reversión no paramétrica será la técnica que se usa cuando se permite que la expresión de reversión se use para un conjunto de expresiones que pueden causar dimensiones infinitas.

El rendimiento de su análisis de reversión será los métodos que practique como una forma de procesos de generación de datos y cómo se vincula con el enfoque de reversión que utiliza, ya que la verdadera forma de generación de datos no siempre se conocerá desde el análisis de reversión entonces dependerá de la extensión de los supuestos que esté haciendo.

Machine Learning y Robótica

Ahora que usted sabe qué es el aprendizaje automático, no debería sorprenderle que este término haya aumentado el interés por la robótica y no haya cambiado mucho en los últimos años. Pero, ¿cómo se relaciona el aprendizaje automático con los robots?

La robótica tiene solo unos pocos desarrollos actualmente que condujeron a otros desarrollos, incluido el aprendizaje automático.

A continuación, se mencionan cinco aplicaciones actuales de aprendizaje automático que pueden verse en robótica:

1. Visión de computadora: hay algunos que dirían que visión de robot o visión de máquina es el término correcto porque "ver robot" va a involucrar más que algoritmos de computadora. Los robots e ingenieros han estudiado qué tipo de hardware de cámara permitirá que un robot procese los datos físicos a su alrededor. La visión robotizada y la visión artificial están estrechamente vinculadas. Pueden acreditarse

a la creación de sistemas de inspección automática y orientación de robots. Los dos solo tienen una pequeña diferencia en la cinemática que se aplica a la visión del robot, que abarcará la calibración del marco de comentarios y la capacidad del robot para afectar su entorno físicamente.

La afluencia en Big Data ha ayudado a impulsar los avances de la visión por computadora, lo que ha ayudado aún más al aprendizaje automático basado en técnicas de aprendizaje de predicción estructuradas en muchas universidades.

2. Aprendizaje por imitación: el aprendizaje por imitación está estrechamente relacionado con el aprendizaje por observación, que es un comportamiento que se puede ver en bebés y niños pequeños. El aprendizaje de imitación se considera una categoría general para el aprendizaje de refuerzo o el desafío de lograr que un agente actúe en el mundo para maximizar sus recompensas. Este enfoque tiene características comunes, a saber, modelos probabilísticos y bayesianos. La pregunta, al final, es si el aprendizaje por imitación se podrá utilizar para robots humanoides.

Una parte importante de la robótica, el aprendizaje por imitación tiene características de movilidad fuera de la configuración de fábrica en dominios como búsqueda y rescate y construcción, lo que dificulta la programación manual de soluciones robóticas.

3. Aprendizaje auto supervisado: se permitirá a los robots generar sus propios ejemplos de entrenamiento debido a los enfoques de aprendizaje auto supervisado para que puedan mejorar su desempeño. Esto incluirá capacitación prioritaria, así como datos capturados a corta distancia que se utilizarán para traducir datos ambiguos de sensores de larga distancia. Los robots con dispositivos ópticos tienen esto instalado para que puedan rechazar y detectar objetos.

Cornell y Stanford crearon un ejemplo sólido llamado Watch-Bot que usa una computadora portátil y un puntero láser, un sensor 3D y una cámara para encontrar actividades humanas normales, que son patrones que se aprenderán mediante métodos de probabilidad. Para apuntar a un recordatorio, Watch-Bot utiliza un puntero láser en los objetos. En una prueba, el robot recuerda a los humanos casi el 60% del tiempo, pero el robot no tiene idea de lo que está haciendo o por qué lo está haciendo.

4. Tecnologías médicas y de asistencia: un robot de asistencia es un dispositivo que puede detectar y procesar información sensorial antes de realizar una acción que terminará beneficiando a una persona con discapacidad y personas mayores. Estos robots de terapia de movimiento proporcionarán un beneficio terapéutico y diagnóstico. Como todavía son prohibitivos para los hospitales en el extranjero y en los Estados Unidos, todavía no están en el laboratorio.

Algunos de los primeros ejemplos de tecnologías de asistencia son un robot asistente de escritorio o el DeVAR. Fueron Stanford y Palo Alto Veterans Affairs Rehabilitation Research and Development quienes desarrollaron DeVAR a principios de la década de 1990. Todavía hay estudios realizados sobre tecnologías de asistencia robótica basadas en aprendizaje automático. El brazo robótico MICO es un ejemplo. Es una máquina de asistencia con autonomía que utiliza un sensor Kinect para observar el mundo. Estas implicaciones serán más complejas, pero proporcionarán al mundo robots de asistencia más inteligentes que pueden adaptarse mejor a las necesidades del usuario.

El avance en el aprendizaje automático también se puede ver en el mundo médico. Aunque las instalaciones médicas aún no lo usan, la robótica ha avanzado a un ritmo rápido.

Aprendizaje Multi-Agent: el aprendizaje multiagente tiene algunos componentes clave, a saber, negociación y coordinación, que involucrarán robots basados en aprendizaje automático que se crean con el objetivo de encontrar estrategias de equilibrio y adaptarse al panorama cambiante de un robot. Por ejemplo, las herramientas de aprendizaje sin arrepentimiento, que involucran algoritmos ponderados, se incluyen en los enfoques de aprendizaje de múltiples agentes que ayudarán a impulsar los resultados de aprendizaje vinculados al aprendizaje y la planificación de múltiples agentes que se encuentran en los sistemas de control distribuido que están basados en el mercado.

A finales de 2014, se realizó un ejemplo más sólido de un algoritmo que se está utilizando para robots o agentes distribuidos en el laboratorio del MIT para sistemas de decisión e información. Los robots pudieron colaborar para construir un modelo de aprendizaje más inclusivo y mejor que fue realizado por un solo robot con la base de la exploración del edificio y la forma en que se distribuyen las habitaciones mientras se construye de forma autónoma una base de conocimiento.

Cada robot crea catálogos que luego combinan con los conjuntos de datos de otros robots, donde el algoritmo estándar supera al algoritmo estándar al hacer este tipo de base de conocimiento. Este tipo de enfoque de aprendizaje automático, si bien no es un sistema perfecto, permitirá a los robots comparar catálogos y reforzar las observaciones mutuas mientras corrige cualquier omisión o sobre generalización, que desempeñará un papel en múltiples aplicaciones robóticas en el futuro cercano.

¿Qué nos depara el futuro?

Como se dijo anteriormente, los enfoques basados en el machine learning en robótica están comenzando a combinarse con desafíos y contratos presentados por innovadores militares o patrocinadores que trabajan para los principales fabricantes de robótica o incluso nuevas empresas, mientras que se observa un aumento en las inversiones de los fabricantes en automóviles de vehículos autónomos de próxima generación.

El machine learning se está utilizando para ayudar a avanzar más en la robótica y hacer que los robots sean más complejos cuando se trata de manejo e interpretación de datos.

Capítulo 8: Vehículos Autónomos

Los autos sin conductor también se conocen como autos robot o autos autónomos o incluso autos sin conductor. Son vehículos que percibirán el entorno en el que se encuentran y se moverán sin intervención humana o muy poca intervención humana.

Los autos autónomos vendrán con una variedad de sensores que los ayudarán a evaluar su entorno como unidades de medición inicial, GPS, odometría, sonar, visión por computadora, Lidar y radar. También tendrán sistemas de control avanzados que interpretarán la información sensorial para identificar la ruta de navegación adecuada y cualquier obstáculo o señal que pueda estar en la ruta del automóvil.

Entre los beneficios se pueden mencionar mayor seguridad y menor costo, así como el aumento de la movilidad, reducción de la delincuencia y aumento de la satisfacción del cliente. Los beneficios de seguridad también incluirán una reducción en colisiones y lesiones que generarán costos debido a estas colisiones. Se predice un aumento en el flujo de tráfico debido a los automóviles automáticos, así como una movilidad mejorada para los pobres, ancianos, discapacitados y niños. Viajar será más fácil porque los conductores no tendrán que conducir y navegar todo el tiempo mientras reducen su consumo de combustible, así como la necesidad de un espacio de estacionamiento.

Algunos problemas que surgen con los autos sin conductor son la seguridad, la responsabilidad y la tecnología. Cada vez que alguien esté en el automóvil, tendrá el deseo de controlar el vehículo. No solo eso, sino que existen marcos legales y regulaciones gubernamentales que los investigadores deben cumplir. Entonces, hará que las personas sientan que han perdido su privacidad, lo que conducirá a preocupaciones de seguridad como piratas informáticos o terrorismo. Además de eso, las personas perderán sus trabajos porque ya no es necesario que un conductor esté detrás del volante. También causará un aumento en los viajes de suburbanización porque será más conveniente.

Vehículos Semi-automatizados

El nivel de automatización es una de las bases de muchos vehículos. Pueden clasificarse como vehículos totalmente autónomos o totalmente automáticos. Lo que hoy en día conocemos se llaman vehículos semi-automatizados. Pasará algún tiempo antes de que la tecnología y la infraestructura estén completamente desarrolladas para un vehículo totalmente automatizado, pero mientras esto se investiga, los vehículos aumentarán en función de su nivel de automatización. Los vehículos semi-automatizados tendrán una ventaja sobre los vehículos totalmente automatizados porque el conductor aún tiene el control del vehículo.

Campos de Aplicación

Camiones Automatizados

Muchas empresas están haciendo pruebas de tecnología automatizada en semirremolques. En 2016, Uber compró una compañía de camiones autónomos llamada Otto, donde tuvieron que mostrar sus camiones en la carretera antes de que Uber los comprara. Luego, en 2017, una startup con sede en San Francisco anunció que se asociaría con un fabricante de camiones con el nombre de Peterbilt para implementar y probar tecnología automatizada en los vehículos Peterbilt. Se supone que Waymo está haciendo pruebas de tecnología automatizada en camiones, pero no han proporcionado un cronograma del proyecto.

En 2018, la empresa Starsky Robotics, con sede en San Francisco, completó un viaje sin conductor a Florida durante siete millas. Esto los convirtió en la primera compañía en probar un camión sin conductor en una vía pública.

En Europa, el pelotón de camiones está comenzando a considerarse con el enfoque de trenes de carretera segura para el medio ambiente.

Lockheed Martin, conjuntamente con los fondos provenientes de las Fuerzas Armadas de los Estados Unidos, ha desarrollado un sistema automatizado de transporte de camiones que colocará a un camión a la cabeza que es dirigido por un humano y luego habrá camiones que lo seguirán de manera autónoma. Esto se está desarrollando como parte del Sistema de Aplicación de Movilidad Autónoma del Ejército (AMAS). En 2014, este sistema consistió en un paquete de conducción automatizado que se instaló en hasta nueve tipos diferentes de vehículos que tendrían que pasar a velocidades de 40 mph durante 55.000 horas. En 2017, AMAS empezó a elaborar un Proyecto que consistía en colocar hasta 200 camiones como parte de un programa de colocación rápida.

Sistemas de Transporte

Los sistemas de transporte creados para automóviles automatizados están comenzando a funcionar en ciudades como el Reino Unido, Francia, Italia y Bélgica. En los Países Bajos, España y Alemania, los están probando públicamente en el tráfico. El Reino Unido lanzó una prueba pública para un pod automatizado, LUTZ Pathfinder, ubicado en Milton Keynes. PSA Peugeot- Citroen ha sido autorizado a realizar pruebas en París por el gobierno de Francia en el verano de 2014. Los experimentos fueron planeados para 2016 en ciudades como Estrasburgo y Burdeos. La alianza existente entre las empresas de Francia, Valeo y THALES, ha permitido que se realicen pruebas propias. En Nueva Zelanda, el uso de vehículos automáticos para el transporte público ya se ha planeado en ciudades como Tauranga y Christchurch.

Por otra parte, en China, se ha producido un microbús automatizado con capacidad para llevar 14 personas sin un asiento de conducción. Se han producido más de 100 vehículos y 2018 marcó el primer año para un servicio comercial automatizado disponible en China. Estos minibuses deberían pasar al nivel cuatro, y este será un entorno sin conductor en una carretera cerrada.

Capítulo 9: Reconocimiento de voz

El reconocimiento de voz es un subcampo interdisciplinario que cae dentro de la lingüística computacional, que se utilizará en el desarrollo de metodologías y técnicas que ayudarán a las máquinas a reconocer y traducir el lenguaje hablado en texto. Esto también se conoce como reconocimiento de voz por computadora, voz a texto (STT) o reconocimiento de voz automático (ASR). El reconocimiento de voz incorporará el conocimiento y la investigación necesaria para la informática, la lingüística y la ingeniería eléctrica.

Algunos sistemas requerirán capacitación para que el hablante lea el vocabulario o el texto en el sistema. El sistema analizará la voz de la persona y la utilizará para ajustar el reconocimiento del habla de esa persona, lo que ayudará a aumentar la precisión. Un sistema dependiente del hablante usa entrenamiento mientras que un sistema independiente del orador no requiere entrenamiento.

Las aplicaciones de reconocimiento de voz incluirán cosas como marcación por voz, enrutamiento de llamadas, entrada de datos simple, determinación de las características del hablante, aeronave, procesamiento de voz a texto, preparación de documentos estructurados y búsqueda de control de dispositivos domóticos.

El término reconocimiento de voz se refiere a la identificación del hablante en lugar de lo que está diciendo. Al reconocer al hablante, la tarea de traducción en los sistemas se simplificará.

Cuando observa el reconocimiento de voz desde una perspectiva tecnológica, tiene una larga historia con múltiples oleadas de innovaciones. Una de las olas más recientes es gracias al big data y al deep learning. Estos avances no solo se pueden ver debido al aumento de los artículos académicos que se han publicado, sino también por la adopción mundial de la industria con los diferentes métodos de deep learning que se han utilizado para diseñar e implementar estos sistemas de reconocimiento de voz. Usted puede ver esta innovación en empresas como SoundHound, Microsoft, IBM, Amazon y Apple.

Reconocimiento de voz en Robótica

¿Usted alguna vez ha visto hablar a un robot? ¡Esto es posible gracias al reconocimiento de voz!

Como mencionamos anteriormente, el reconocimiento de voz se clasifica en dos categorías diferentes: independiente del hablante y dependiente del hablante.

Los sistemas que dependen del hablante serán entrenados por una persona, y esa persona será la que esté usando el sistema. Estos sistemas son eficientes y pueden obtener un alto recuento de comandos; sin embargo, el sistema solo dará respuestas a la persona que lo ha entrenado.

Los sistemas independientes del hablante serán entrenados para responder a las palabras de un individuo que habla. El dispositivo de entrada de voz se montará en un controlador; por lo tanto, los comandos que se dan relacionados con el movimiento se darán por voz y luego se convertirán en forma digital. Esto lo convertirá de un convertidor analógico a uno digital. Los comandos se ingresarán en un micrófono, y luego las señales eléctricas pueden cambiar la voz en los movimientos. Una vez que estas señales digitales se envían al controlador robótico, el dispositivo de filtrado se utilizará para tomar los datos en forma de voz. Para mejorar la precisión y la voz, habrá un proceso de modelado de conversión que formará una respuesta del sistema.

Circuitos de Sistema de Reconocimiento

Para hacer un circuito de hasta 40 palabras, deberá seguir los siguientes pasos:

Presionará 1 para entrenar el sistema en esa primera palabra. Al presionar cualquier número, se apagará un LED rojo. Estos números se mostrarán en una pantalla digital. Una vez que presione el botón de libra, entrenará el sistema. Al presionar el botón de libra, enviará señales a un chip que escuchará las palabras de entrenamiento y luego encenderá el LED. Para hacer una prueba, el siguiente paso será decir la palabra que desea que reconozca el sistema; aquí será cuando se use el micrófono. Una vez que se acepta la palabra, el LED parpadeará. Hará esto con las 40 palabras, y entonces debería ver cada palabra ingresada en la pantalla.

Los sistemas de reconocimiento de voz se pueden dividir en cuatro partes distintas:

1. El reconocimiento de voz que utiliza el audio separado.

2. Separación lineal de fuentes.

3. Cálculo de las características faltantes de una salida que será después de que se haya filtrado.

4. Múltiples canales después de haber sido filtrados.

Una vez que la máquina ha filtrado el discurso, el robot ejecutará el comando que se le solicita. A medida que avanza la tecnología, los robots podrán usar programas de reconocimiento de voz, no solo para tomar comandos sino también para comunicarse con humanos e incluso otros robots cuando se trata de completar tareas.

Capítulo 10: Drones

Los vehículos aéreos no tripulados o UAV se denominan comúnmente drones, que son aviones que no requieren pilotaje humano. Los UAV son parte de los sistemas de aeronaves sin tripulación que pueden incluir UAV que se controlan desde tierra o un sistema de comunicaciones que ocurre entre los dos. La forma en que vuela el UAV puede funcionar dependiendo de diversos grados de autonomía, y se controlará desde un punto distante o de forma autónoma a través de una computadora a bordo.

Los drones se usaron originalmente para misiones que eran demasiado peligrosas o sucias para los humanos, principalmente en aplicaciones militares. No obstante, su uso se extendió rápidamente a aplicaciones comerciales, recreativas, científicas, agrícolas y de otro tipo, como vigilancia, entrega de productos, mantenimiento de la paz, fotografía, contrabando y carreras.

Drones y Robótica

Computadoras a bordo

La próxima generación de drones y robots será más inteligente, más rápida y más ligera que las anteriores. Esto solo es posible gracias a las soluciones optimizadas que combinarán varias funciones informáticas en una sola placa. Los drones y la tecnología robótica de Qualcomm, permitirán reducir la huella de la computadora a bordo, al tiempo que presentan una conexión fuerte, una batería de larga duración y una potencia de procesamiento avanzada. Con una huella más pequeña, habrá menos complejidad en el diseño, lo que significa que los drones serán más asequibles para un público más amplio.

Tecnología de placa única

Con una ingeniería más elegante, los drones serán más ligeros y fáciles de usar gracias a Snapdragon Flight. Esta tecnología integrará el soporte de cámara de alta resolución 4K junto con un posicionamiento de ubicación altamente preciso e incluso controles de vuelo en tiempo real que se montarán en una sola placa; por lo tanto, permitiendo que los OEM sean más pequeños y más robustos.

Plataforma Heterogénea

La construcción de drones inteligentes y componentes robóticos con una plataforma heterogénea ayudará a los fabricantes de equipos originales a crear drones y robots más seguros y livianos que finalmente reducirán el coste del robot, que lo abrirá a más consumidores.

Vuelo Autónomo

Se puede hacer que los OEM sean conscientes de sí mismos y autónomos gracias a los avances en tecnología. Debido a la plataforma de tecnología avanzada, combinará sensores integrados con mapeo de entorno 3D, lo que permitirá que el dron vuele solo.

Baja potencia

Al combinar varios componentes en una sola placa, la placa proporcionará una solución ligera y de baja potencia que ayudará a presentar controles y conectividad de vuelo avanzados.

Programa confiable

Los programas Snapdragon Navigator proporcionarán navegación inteligente al permitir que los drones vean y reaccionen a los objetos que puedan estar en su camino mientras vuelan, lo que proporcionará una navegación más segura y fiable.

Controlador inteligente de motores

El vuelo de Snapdragon incluirá un control inteligente del motor, así como un procesamiento de latitud de 500Hz que hará que la experiencia de vuelo sea más estable al tiempo que aumenta la vida útil de la batería y reduce la tensión que se aplica al motor.

Control de posición

Debido al control de posición avanzado, los vuelos son más suaves de lo que han sido y esto funcionará combinando el GPS, los sensores de sonda, la unidad de medición de inercia, así como un sensor de barómetro que ayudará a mejorar la estabilidad del aire.

Detección Bidireccional

Para evitar colisiones y obstáculos en la trayectoria de vuelo, se utilizará la detección bidireccional junto con la asistencia de un controlador de velocidad electrónico que reconocerá cualquier obstrucción de la hélice e incluso proporcionará vuelos que pueden ser tanto en interiores como en exteriores.

Wi-Fi avanzado

El vuelo de Snapdragon utiliza un proceso 801 que admitirá Wi-Fi altamente avanzado para permitir que el dron sepa exactamente dónde está, lo cual será útil cuando se use para asuntos policiales o militares.

Aplicación en el mundo real

Los drones se han vuelto útiles porque pueden ser utilizados en situaciones y en lugares donde los humanos no deberían estar porque es demasiado peligroso o el trabajo es demasiado sucio. Aquí hay algunas aplicaciones del mundo real en las que se utilizan drones:

1. *Guerra*: los drones comenzaron en el ejército y todavía se usan hoy. El ejército tiene las características más avanzadas hasta la fecha y utiliza drones en tiempos de guerra para la vigilancia para recopilar

información sin que nadie lo sepa. Los drones también se utilizan para ataques aéreos.

2. *Vigilancia*: es una posibilidad que lo ataquen desde arriba antes de que usted se involucre en un altercado con la policía. La policía en Dakota del Norte usa drones para atacar a los culpables, así como también despliega gases lacrimógenos en el esfuerzo del estado para tomar medidas enérgicas contra el crimen.

3. *Extinción de incendios*: si bien esto puede brindarle imágenes de aviones no tripulados que arrojan agua sobre las fogatas, está un poco equivocado. Se están utilizando drones para arrojar fuego a la maleza. Esto se llama quema controlada y tiene la intención de evitar que el incendio forestal se propague aún más quemando arbustos de los que podrían alimentarse. Esto también se utiliza para mantener la biodiversidad.

En 2007, los drones se usaron para ayudar con los incendios forestales del sur de California. Los drones usaron tecnología de sensores para buscar a través del humo y descubrir lo grande que era el incendio.

4. *Máquina de recopilación de noticias*: varias agencias de noticias han usado drones para ser su "ojo en el cielo".

5. *Exploración de petróleo*: muchas grandes compañías de petróleo y gas se apoyan plenamente en el uso de drones en la búsqueda de nuevos yacimientos de petróleo. En este momento, los únicos lugares donde este tipo de avión está autorizado para operar de esta manera son algunos de los lugares más distantes conocidos en los Estados Unidos.

6. *Selfie bot*: este está dirigido más a los millennials que nadie. No hay una tendencia tecnológica que los millennials no adopten, cuando se trata de su obsesión con los selfies. Con este bot, usted sujetará la cámara al dron y la dejará volar en cualquier evento al que asista.

Incluso Amazon ha encontrado una manera de entrar en el juego de drones haciendo entregas con drones.

A medida que la tecnología continúa avanzando, es probable que comencemos a ver a los drones desempeñar un papel más importante en los procesos de reabastecimiento de combustible aéreo, misiones de rescate e incluso como guías turísticos distantes.

Capítulo 11: Robótica en los Negocios

La robótica juega un papel muy importante en los negocios. Ahora, esto puede hacerle pensar en un futuro de ciencia ficción. Sin embargo, hay una gran cantidad de negocios en una amplia gama de industrias que recurren a los robots para completar una tarea que es demasiado peligrosa, laboriosa o que consume mucho tiempo para que un humano la haga.

Producción en Fábrica

Una tarea común que deben realizar los robots es en la línea de ensamblaje del producto en un espacio de fábrica. Los robots de fabricación manejan tareas como soldar, clasificar, ensamblar y empacar y colocar operaciones con más eficiencia y mayor velocidad que un ser humano. Esta relación fuerza / peso de los motores eléctricos hará que estos robots sean confiables para tareas que requieren agilidad, fuerza y consistencia. Los robots de fábrica reducen el riesgo de accidentes laborales y garantizan un mayor control sobre la calidad del producto. También pueden trabajar en entornos que no son seguros para un ser humano.

Mercadeo

Las compañías de tecnología han creado robots para demostrar nuevos inventos mientras crean un sentido de innovación y progreso. Estos robots son parte de una pantalla interactiva que se puede ver en ferias comerciales donde se envían para competir con las herramientas de marketing tradicionales para atrapar mercancías y llevarlas a un empleado que ingresará la solicitud en un sistema automatizado. Estos robots no solo ahorran tiempo, sino que reducen los errores que se pueden causar debido a inconsistencias en el seguimiento del inventario.

Entretenimiento

La última clase de robots que se utilizan en los negocios son aquellos destinados a entretener a las personas. Los robots y las pantallas robóticas se verán en escaparates, parques temáticos y en la televisión. Estos robots están diseñados para parecerse a una persona real, mientras que otros están destinados a representar criaturas fantásticas o robots mecánicos de un mundo ficticio. Estos personajes están en las narrativas de ciencia ficción mientras que estos robots de efectos especiales entran en condiciones peligrosas que no son seguras para humanos o animales.

Robots tomando los puestos de trabajo

En 2017, se estimó que un tercio de los empleos en los EE. UU. tenían un alto riesgo de ser automatizados para 2030, que es un porcentaje más alto que los de Gran Bretaña, Japón y Alemania.

Este análisis provino de una firma de contabilidad y consultoría que dijo que se basa en la dirección y el ritmo del progreso tecnológico y las capacidades anticipadas de la inteligencia artificial y la robótica.

Se estima que al menos el 38% de los trabajos estarán en riesgo de automatización en los Estados Unidos. Esto se debe a que más empleos estadounidenses en estos sectores son más vulnerables que los mismos trabajos en otros países.

Se cree que los robots se harán cargo porque van a requerir menos administración que un empleado humano. Sin embargo, por otro lado, si bien a un robot no se le paga un salario o por hora, aún debe mantenerse y actualizarse cada vez que salen nuevos programas. Por lo tanto, ¿realmente vale la pena?

Incluso si esto fuera cierto, todavía está muy lejos debido al coste de los robots, sin mencionar que mover robots fuera de un entorno controlado sigue siendo un gran paso que aún no se ha dado.

En el caso de una adquisición robótica, ciertos trabajos serán seguros. Esto no significa que los robots no se vayan a utilizar o ayudar con estos trabajos, solo significa que estos trabajos no serán asumidos por completo:

1. Atletas, instructores deportivos, oficiales deportivos.

2. Trabajos de bomberos, prevención de incendios e inspección de incendios.

3. Yardmasters y conductores de ferrocarril.

4. Trabajadores de fitness y recreación.

5. Científicos forestales y conservacionistas

6. Asistentes e inspectores de transporte público. Anteriormente en el libro, se mencionó un autobús automatizado. Sin embargo, es muy probable que estos autobuses tengan asistentes a bordo en caso de que ocurra lo inesperado.

7. Operadores de locomotoras, ingenieros.

8. Profesores de educación inicial, profesores de educación primaria.

9. Curadores y archiveros.

10. Servidores públicos, detectives, policías.

11. Pilotos de líneas aéreas y navegadores.

12. Agrimensores, cartógrafos, científicos cartógrafos y técnicos.

13. Actores, productores, directores.

14. Conductores de autobuses escolares.

Cirugía Robótica

La cirugía robótica también se conoce como cirugía asistida por robot, y permite a los cirujanos realizar procedimientos complicados con más precisión, control y flexibilidad que no tienen cuando usan métodos convencionales. La cirugía robótica se utilizará principalmente con cirugías mínimamente invasivas que se realizarán a través de una pequeña incisión. A veces se usa con procedimientos quirúrgicos abiertos tradicionales.

En 2000, la cirugía robótica comenzó con el sistema de cirugía da Vinci aprobado por la FDA. Esta técnica se adoptó rápidamente en centros médicos en los Estados Unidos y Europa para ser utilizada en el tratamiento de una amplia gama de afecciones.

Este sistema quirúrgico robótico clínico, viene con un brazo de cámara y un brazo mecánico que tiene instrumentos quirúrgicos unidos. El cirujano controlará el brazo mientras está sentado en una consola de computadora que está cerca de la mesa de operaciones. La consola le proporcionará al cirujano una vista 3D ampliada y de alta definición de lo que está sucediendo en el lugar quirúrgico.

Ventajas

1. Menos complicaciones después de la cirugía.

2. Cicatrices más pequeñas y menos notables.

3. Menos dolor y menos pérdida de sangre durante la cirugía.

4. Tiempo de recuperación más rápido.

Riesgos

1. Infecciones.

2. Complicaciones postoperatorias.

¿Los robots se harán cargo del campo médico?

Los robots en el campo de la medicina están ahí para ayudar a mejorar el conjunto de habilidades de un médico y hacerlo más seguro para el paciente cuando se trata de cirugía. Sin embargo, es muy poco probable que sistemas como el Da Vinci reemplacen a un médico humano.

Los médicos humanos pueden proporcionar una naturaleza cálida y afectuosa que tranquiliza al paciente, a diferencia de un robot. Sin mencionar que, en caso de que haya una complicación durante la cirugía, un robot no necesariamente será entrenado para tratarlo y es cuando un cirujano intervendrá y se ocupará de lo que está sucediendo sin poner al paciente en peligro solo por usar una pieza de tecnología avanzada.

En todo caso, la robótica está ayudando a avanzar en la tecnología médica al reducir los riesgos que experimentan los pacientes después de haber pasado por la cirugía.

Además, los humanos disfrutan hablando con otros humanos, y eso no es posible si no hay un humano con quien hablar. Los robots no tienen la forma de dormir que tienen los humanos, lo que hace que no puedan proporcionar el nivel de atención que un paciente quiere de su cirujano.

Esta es la razón por la que la robótica no se hará cargo de la cirugía, pero mejorará las habilidades de un cirujano para que no tenga que preocuparse por perder a un paciente porque no tendrá que abrir a un paciente y hacer que pierda más sangre de la necesaria.

Capítulo 12: Preguntas Frecuentes sobre Robótica

Hay muchas preguntas que las personas tienen sobre la robótica, y en este capítulo, vamos a responder algunas de las preguntas frecuentes que los principiantes tienen sobre la robótica que no se respondieron anteriormente en este libro.

1. *¿Cuáles son algunos de los algoritmos de fusiones de sensores más utilizados en la detección multimodelo robótica y cómo pueden mejorar su estimación de posición utilizando una fusión de sensores?*

En este momento, una de las mejores opciones serán los filtros de Kalman y un filtro de partículas. Un filtro de Kalman será útil siempre que trabaje con una posición inicial o mediciones lineales. El filtro de partículas se usará, aunque no se conozca la posición inicial y no haya mediciones no lineales. Sin embargo, requerirá mucha computación que los filtros de Kalman no necesitarán hacer. No importa qué sensor esté utilizando, tendrá que modelar los estados del robot para estimar su propagación, así como actualizar las estimaciones con cualquier medida que haya obtenido.

2. ¿Los robots podrán reemplazar a los maestros?

¡No! Los robots pueden hacer trabajo físico y ayudar a los maestros en sus arreglos y administración de conferencias, razón por la cual existen herramientas de grabación de audio y video que los maestros usan. Nada podrá reemplazar la relación que un maestro construye con sus alumnos y sus padres. No puede mostrar los mismos sentimientos de empatía que un maestro puede mostrar a un alumno cada vez que ese alumno atraviesa un momento difícil. Al final, un robot no sería más que un libro de texto parlante.

3. ¿Cuáles son algunos de los usos potenciales de la inteligencia artificial en el futuro?

Dentro de los dominios científicos, hay computadoras más poderosas que podrán hacer lo que están haciendo ahora, aunque más rápido gracias a un aumento en la potencia de procesamiento. Estas computadoras ayudarán a los científicos a descubrir patrones significativos dentro de grandes conjuntos de datos. Las computadoras son herramientas extremadamente útiles no solo para los científicos, sino para casi todos en el mundo debido al acceso que tienen a la información que de otro modo no tendríamos. Cuando nos fijamos en el término inteligencia artificial, se utilizan computadoras para que se logre una mejor comprensión de cómo el cerebro humano va a pasar por el proceso de toma de decisiones. Saber cómo un cerebro humano toma decisiones ayuda a los investigadores y creadores a crear un robot que pueda seguir el mismo proceso. Cuando usted piensa en lo lejos que ha llegado la IA, parece bastante creíble que haya infinitas posibilidades para la IA en el futuro.

4. ¿Es posible que veamos un papel importante en la ciencia de la robótica en la enseñanza?

Sí. Ya hemos visto cómo la tecnología ha ayudado a los maestros a enseñar mejor a sus estudiantes, y la robótica puede entrar en juego y ayudar a crear un plan de lección que se dirigirá a aquellos estudiantes que no pueden aprender de la manera en que el maestro ha estado enseñando a sus estudiantes. La robótica puede ayudar a los maestros a personalizar sus clases e incluso administrar mejor su tiempo para que puedan obtener todo lo que quieren cuando están enseñando durante el año. Al igual que con el campo de la medicina, las posibilidades de cómo la robótica puede ayudar a los maestros son infinitas.

5. ¿Cómo se definen la inteligencia artificial y el aprendizaje automático?

La inteligencia artificial es la capacidad de una máquina para imitar la inteligencia que se ve en el comportamiento humano. Las tecnologías de IA no son más que algoritmos que tratarán de imitar lo que hacen los humanos. Sin embargo, el aprendizaje automático es la ciencia y la ingeniería que proporcionarán a las computadoras la capacidad de aprender sin tener que ser programadas explícitamente.

6. ¿La asistencia inteligente es una de las únicas aplicaciones de la inteligencia artificial para la atención al cliente o hay otras formas en que la inteligencia artificial impactará en el servicio al cliente?

El uso frontal de las tecnologías de IA va a llegar a donde los asistentes inteligentes para la atención al cliente son la clave, pero también hay muchas otras aplicaciones en juego. Una cosa será la aplicación de la IA para apoyar directamente a los agentes del centro de contacto en lugar de reemplazarlos. El reconocimiento del lenguaje natural y del habla se utilizará durante las interacciones de servicio al cliente en vivo con un agente humano para encontrar información relevante y hacer sugerencias sobre cómo debe responder el agente.

7. ¿Habrá un momento en el que los centros de llamadas ya no sean necesarios?

¿A partir de ahora? No. Sin embargo, eso siempre puede cambiar más adelante en el futuro dependiendo de cómo la tecnología pueda cambiar gracias a la robótica. Las tareas más simples que se pueden manejar a través de canales digitales, gracias a varios niveles de automatización, liberan a los humanos para hacer frente a los problemas más complejos. Por lo tanto, es probable que los robots y los humanos trabajen conjuntamente en los centros de llamadas.

8. ¿Cuál es la diferencia entre la automatización de procesos robóticos y la inteligencia artificial?

Antes de poder responder esta pregunta, debe conocer el contexto. Si una empresa dice: "Estamos planeando integrar programas de inteligencia artificial en nuestros procesos comerciales", significa que quieren automatizar el proceso con el robot de un programa. En este caso, RPA y la IA serán lo mismo.

En otras situaciones, las soluciones RPA automatizarán procesos con programas de robots. Estos robots serán simples robots que realizan tareas simples, como copiar y pegar información en una hoja de cálculo de Excel. Luego, las soluciones RPA más avanzadas utilizarán el aprendizaje automático para observar y aprender cómo un humano realiza una tarea para automatizarla. La inteligencia artificial describe un campo de estudio que intentará automatizar tareas humanas como la toma de decisiones. Por lo tanto, RPA utilizará algoritmos de IA para realizar tareas complejas que deben tener cierto grado de razonamiento. Hay una superposición en IA y RPA; sin embargo, no todas las soluciones RPA serán inteligentes.

9. ¿Por qué los expertos analizan la ética cuando se trata de robótica?

Desde que se introdujeron los primeros robots de fábrica en la fabricación de automóviles durante la década de 1950, se han convertido en parte de la vida moderna. Los robots se popularizaron en las películas y libros de ciencia ficción, y solo ahora se están volviendo más visibles en las sociedades modernas.

Los robots ahora se utilizan en fábricas de todo el mundo. Los drones se usan en la guerra, mientras que los robots se usan para desactivar bombas. Los robots están comenzando a reemplazar a los trabajadores en algunas industrias de servicios, como tiendas y hoteles. Incluso se puede hacer que se vean como humanos cuando cuidan a los ancianos o se usan en terapia para niños con autismo.

Los robots, especialmente los humanoides, deben gran parte de su popularidad a la literatura y la ciencia ficción. La presencia de robots en los hogares, el lugar de trabajo y la sociedad está teniendo un impacto en el comportamiento humano. También representan los cambios que se han realizado en la sociedad y las culturas.

El informe sobre métodos tendrá como objetivo tratar de crear conciencia sobre cuestiones éticas relacionadas con el uso de robots autónomos en la sociedad.

10. ¿Cómo se han desarrollado los robots y qué tan sofisticados podrían ser en el futuro?

Cuando usted eche un vistazo a la enciclopedia de robótica, verá que distingue entre cinco generaciones de robots. La primera generación surgió antes de 1980, y era un equipo mecánico, estacionario, preciso, rápido y físicamente resistente. Este robot no tenía sensores externos ni inteligencia artificial.

La segunda generación fue entre 1980 y 1990, que tenía un control por microordenador y podía programarse. También tenía sistemas de visión, posiciones y sensores de presión.

La tercera generación que surgió a mediados de la década de 1990 y más tarde fueron los robots autónomos y móviles, que podían reconocer y sintetizar el habla. Estos robots llegaron con sistemas de navegación o inteligencia artificial tele-operada.

Finalmente, la cuarta y quinta generación son las raíces especulativas que verá en el futuro. Estos robots adquirirán ciertas características humanas, como el humor.

11. ¿Por qué el informe analiza los posibles estados morales de las máquinas?

El comportamiento de un robot, incluso si el robot es complejo, autónomo e inteligente, será determinado por un humano.

Sin embargo, si asumimos que es muy probable que los robots se vuelvan más sofisticados en el futuro, entonces la naturaleza de sus algoritmos será un tema que requerirá atención desde un punto de vista ético, con respecto a cómo los robots deberían reaccionar y actuar en situaciones específicas.

El problema con el desarrollo y la utilización de robots es que otras innovaciones tecnológicas no se pueden planificar o no están destinadas a suceder, lo que puede dañar involuntariamente a los humanos.

Es probable que el mal funcionamiento de los robots actuales pueda causar mucho daño a muchas personas.

Al final, la pregunta se vuelve no solo si los robots tienen que ser respetados en ciertas normas éticas, sino si ciertas normas tienen que ser programadas en los robots reales. Tal necesidad será evidente si uno se enfoca en los robots personales y las formas en que podrían causar daño a los humanos.

La autonomía del robot probablemente crecerá hasta el punto de que su regulación ética será vital y necesitará ser programada con códigos éticos que se inventan específicamente para prevenir comportamientos dañinos.

Una pregunta intrigante sobre los robots que han mejorado la autonomía y la capacidad para la toma de decisiones plantea preguntas sobre su estado moral.

¿Merecen los robots el mismo respeto moral e inmunidad por el daño que actualmente se les da a humanos y animales?

Dependiendo de los avances futuros en la investigación de la robótica, no se puede excluir la posibilidad de la futura sensibilidad, emociones e incluso el estado moral de un robot futuro. El rápido desarrollo de estos robots autónomos altamente inteligentes desafiará la clasificación actual de los seres de acuerdo con su estado moral. ¿Es lo mismo o va a ser diferente de una manera profunda como lo que sucedió con el movimiento de derechos de los animales?

12. ¿Cómo se va a regular la robótica?

Tenga en cuenta que los robots son seres complejos, lo que plantea la pregunta de quién debe ser responsable de ellos, tanto legal como éticamente, siempre que los robots funcionen mal y lastimen a alguien.

Los robots, como otras tecnologías, se utilizarán para fines buenos y malos. Los robots continúan bajo regulación tanto ética como legalmente porque todavía son nuevos y cambian rápidamente el campo de investigación y no se puede anticipar el impacto que tendrán en el mundo.

No existen pautas específicas sobre investigación y proyectos robóticos, especialmente las que están teniendo un impacto directo en los humanos.

Además, no existen códigos de conducta universalmente aceptados para la robótica. Sin embargo, los robots son tratados de la misma manera que otros productos tecnológicos cuando se trata de regulaciones legales.

13. Se ha sugerido que los errores sucederán debido a los humanos y que se puede decir con seguridad que no hay problemas de calidad con RPA siempre que sea programado por un humano. ¿Es esto cierto?

Los programas de robótica funcionan de una manera que seguirá las reglas al pie de la letra, como ya se mencionó. No significa necesariamente que no habrá errores. Durante los primeros días de RPA, uno de los primeros clientes estuvo involucrado con una compañía de telecomunicaciones que pudo programar un robot que podía enviar iPhones a clientes que los habían pedido. Durante la fase de prueba, se realizó un bucle para realizar las pruebas. Cuando finalmente se puso en marcha, olvidaron sacar el bucle; por lo tanto, envió a todos de tres a cuatro teléfonos. Este es un ejemplo en el que pueden surgir problemas y, por lo tanto, las cosas pueden fallar a gran escala. Es por eso que debe tener mucho cuidado al realizar las pruebas. Ningún riesgo va a ignorar un paso en una etapa.

14. ¿Cuáles son algunas áreas de oportunidad que los clientes pueden aprovechar, pues se consideran "frutas bajas", y dónde estarán las siguientes?

RPA no es una solución específica del proceso, y no es la respuesta a todo. Lo que es, es la herramienta perfecta para automatizar las brechas en los procesos y sistemas que se utilizan. Siempre que esté buscando oportunidades para ese proceso, existe una buena posibilidad de que haya un gran número de personas que realicen un trabajo basado en reglas y los datos que se ingresen tendrán que estructurarse. Por lo tanto, los centros de llamadas no son adecuados para RPA a gran escala y son mejores para las soluciones asistidas por agentes donde los robots están en el escritorio del agente. En el caso de que desee tener un mayor impacto en la automatización de un proceso, debe buscar dónde manejan los datos a gran escala, lugares como RR. HH. porque están investigando a los empleados y haciendo nóminas.

15. ¿Cuál es el coste de crear e implementar soluciones RPA?

No hay precio en el modelo de caso de negocio; por lo tanto, no hay un precio práctico general que se pueda mencionar. Sin embargo, para más empresas, existe un rango común para las licencias de Bot único que caen entre $ 2.000 y $ 15.000 al año. Pero esto es solo para licencias que son una pequeña parte del coste total de propiedad. El robot puede hacer el trabajo de cualquier cosa que implemente. Si está trabajando en un horario comercial normal, obtendrá una ración de 1: 1 en términos de un Bot haciendo un trabajo equivalente a un FTE. Sin embargo, si está trabajando 24/7, puede obtener 20 FTE de ese trabajo. Cada vez que observa los casos de negocios para los clientes, es común ver un retorno de la inversión del 500 al 800% durante un período de tres a cinco años.

Capítulo 13: Machine Learning e Inteligencia Artificial

La inteligencia artificial es un campo emergente que se está volviendo cada vez más popular. La inteligencia artificial ayuda a encontrar soluciones a cosas como dónde queremos comer, cómo solucionar la escasez mundial de alimentos y cómo será el clima mañana.

Al principio, la inteligencia artificial era solo ciencia ficción, y algunas personas todavía piensan que no es más que ciencia ficción. Sin embargo, la inteligencia artificial se encuentra a nuestro alrededor todos los días, ¡incluido el teléfono que usted usa!

Tomemos, por ejemplo, que usted está usando un iPhone y presiona el botón central para preguntarle algo a Siri. Bueno, adivine qué: Siri es inteligencia artificial. También lo son las notificaciones bancarias que recibe sobre posibles cargos fraudulentos.

Se informó que el director de aprendizaje automático de Intel, Nidhi Chappell, dijo: "La inteligencia artificial es básicamente donde las máquinas tienen sentido, aprenden e interactúan con el mundo externo sin que los seres humanos tengan que programarlo específicamente".

La inteligencia artificial no solo nos ha facilitado la vida, sino que también la ha mejorado. La biometría puede medir cómo juega un atleta y qué tan grave es una lesión y cómo afectará en última instancia su tiempo de juego. Por otro lado, los agricultores lo están utilizando para saber cuánto regar sus cultivos para obtener el mayor rendimiento. Los médicos incluso lo utilizan para detectar enfermedades y rastrear el proceso de tratamiento de sus pacientes.

Usted debería pensar en el término inteligencia artificial como un término genérico en el que se encontrará el aprendizaje automático debido a las diversas técnicas y herramientas que se utilizarán para permitir que una computadora piense en algoritmos matemáticos basados en los datos que ha obtenido. Sin embargo, es bajo este paraguas que también encontrará el subconjunto de aprendizaje automático, que utiliza modelos de redes neuronales llamados aprendizaje profundo que usarán imágenes para que puedan ser procesadas y reconocidas por el programa que se está utilizando.

"Piensa en un niño que crece. Ese niño observa el mundo, observa cómo las personas interactúan, aprende las normas de la sociedad, sin que se le digan explícitamente las reglas", dijo Chappell. "Eso es lo mismo que la inteligencia artificial. Son máquinas que aprenden por sí mismas sin programación explícita".

También se cree que la inteligencia artificial podrá hacer al menos tres cosas:

1. Tomar medidas basadas en el reconocimiento que encuentra en el programa.

2. Mirar el mundo a través de cualquier patrón de datos que pueda ser detectado.

3. Reconocer patrones en el mundo que nos rodea.

Piense en ello de esta manera. Usted va a publicar una foto en Facebook. Debido a los algoritmos de reconocimiento facial, Facebook le sugerirá que etiquete a sus amigos en su foto para que también puedan ver la foto. No solo eso, sino que va a sugerir páginas y eventos basados en la foto que usted publicó. Entonces, si publica una foto de usted y su mejor amigo nadando en el lago, comenzará a ver cosas que tienen que ver con la natación porque el algoritmo de Facebook supondrá que le gusta nadar según la foto.

Las máquinas siempre intentarán ser más inteligentes, lo que dará como resultado que las personas tomen decisiones más rápido y completen su investigación más rápido.

Escépticos calmantes

Las personas siempre serán escépticas sobre las cosas que no entienden. Esto sucede principalmente porque tienen miedo de que las máquinas se hagan cargo como se muestra en la película Terminator. Sin embargo, se informó que Chappell dijo que las computadoras, y la forma en que aprenden, terminarán ayudando a la humanidad en más formas de las que las personas se darán cuenta.

"La inteligencia artificial en realidad aumenta lo que los seres humanos están haciendo. No estamos tratando de reemplazar a los humanos. En realidad, estamos tratando de aumentarlos con más inteligencia. Esto está haciendo nuestras vidas más fáciles".

La inteligencia artificial hace que ya no tenga que cavar un mapa para tratar de determinar dónde está y hacia dónde va. Todo lo que tiene que hacer es ingresar la dirección y una voz le dirá a dónde debe ir. No solo eso, sino que su teléfono se actualizará cada vez que el camino cambie para que no vaya a un lugar que no existe o use un camino que le tomará más tiempo cuando haya una ruta más rápida.

El aprendizaje automático y la inteligencia artificial se utilizarán en los campos de la medicina, las finanzas y la educación. Continuará manteniendo a la sociedad avanzando sin el acoso que se encuentra en línea. Otra cosa con la que la inteligencia artificial podrá ayudar es con virus, como el Zika, al observar la población de mosquitos y determinar cuáles son los que probablemente transmitirán la enfermedad.

Administrar datos

Algunos de los aprendizajes más sofisticados producirán datos que requerirán máquinas para aprender. Esto significa que cuanto mayor sea el rendimiento de la computadora, más rápido aprenderá la computadora. "Está comprobado que cuantos más datos le dé a una máquina para aprender, más precisa será la máquina para predecir cosas", dijo Chappell sobre la complejidad de cómo aprenden las máquinas. Cuanto más complejo sea el aprendizaje, más requisitos de datos habrá.

Por lo tanto, cuanto más aprenda una computadora, más requisitos de datos se implementarán.

Cuando todo se reduce a eso, "la inteligencia artificial está con nosotros en todas partes", dijo Diane Bryant, Gerente General y Vicepresidenta Ejecutiva del Grupo Intel Data Center. "Está transformando la forma en que las personas se relacionan con el mundo".

Conclusión

Gracias por llegar hasta el final de "Robótica". Espero que este libro haya sido informativo y que le haya proporcionado todas las herramientas necesarias para lograr sus objetivos, cualesquiera que sean.

El siguiente paso es utilizar el conocimiento que usted ha adquirido aquí y seguir adelante para aprender más sobre robótica o decidir si desea robots en su vida o no.

No toda la robótica es mala, pero depende de usted investigar y descubrir si es algo en lo que quiere arriesgarse o no.

La robótica está en nuestras vidas en todas partes, y a medida que la tecnología continúa desarrollándose, existe la posibilidad de que vea la robótica en su vida aún más. Sin embargo, al mismo tiempo, con los avances que hemos visto en tecnología, existe la posibilidad de que veamos que los riesgos enumerados en este libro no se concreten.

¡Nadie sabe lo que puede deparar el futuro, y usted podría ser alguien que ayude a hacer que la robótica avance y se vuelva aún mejor de lo que ya es!

Finalmente, si encuentra este libro útil de alguna manera, ¡apreciaría mucho una reseña en Amazon!

Descubra más libros de Neil Wilkins

Made in United States
Orlando, FL
15 January 2022

13406518R00075